FRASES CELEBRES PARA TODA OCASION

RAFAEL ESCANDON

FRASES
CELEBRES
PARA
TODA
OCASION

EDITORIAL DIANA
MEXICO

1a. Edición, Enero de 1982
12a. Impresión, Julio de 1988

ISBN 968-13-1285-6

Contenido

PROLOGO

¿Quién Dijo? . . .

1. *La mitad del mundo no sabe cómo vive la otra mitad.*
2. *La palabra "imposible" no está en mi vocabulario.*
3. *Más hermoso parece soldado muerto en batalla que sano en la huida.*
4. *Las canas no hacen más viejo al hombre, cuyo corazón no tiene edad.*

    1. *Rabeláis.* 2. *Napoleón.* 3. *Cervantes.* 4. *Alfred de Musset.*

Estos son apenas unos pocos ejemplos de los muchos pensamientos inolvidables que aparecen en esta colección, cuyo contenido puede usarse en todo tiempo y en cualquier circunstancia. He tomado líneas de discursos famosos, de poemas, de dramas y de novelas, como también he usado proverbios filosóficos y moralizadores. Estos pensamientos aparecen bajo temas alfabéticamente clasificados. Al principio del libro está la tabla de contenido y al final se encuentra un índice de autores, para mayor facilidad del lector.

Es el propósito de esta obra tener a la mano una colección de pensamientos útiles, en prosa y verso, de los insignes escritores de antaño y hogaño. Un libro de esta naturaleza es tan indispensable como el diccionario y la enciclopedia, ya que puede servir como referencia o amena lectura.

Es mi deseo, por lo tanto, estimado lector, que colmes tu sed con el inagotable néctar del pensamiento, que es la sabiduría de los hombres.

RAFAEL ESCANDÓN.

ACCION

Pon tus palabras en acción, y no permitas que tu lengua diga torpezas.

—Ralph W. Emerson

Si logras mostrarle a una persona lo malo que ella está haciendo, procura hacer entonces lo bueno. La gente cree sólo lo que mira. Deja que vean tus obras buenas.

—Henry D. Thoreau

Es mejor gastarse que enmohecerse.

—Richard Cumberland

Lo hacemos o nos morimos.

—Burns

Haz todo bien y con rectitud, no importa que el mundo se vaya a pique.

—Herbert

Porque el Dios de todo saber es Jehová, y a Él le toca pesar las acciones.

—Biblia - Samuel 2:3

Tanto que hay por hacer; y tan poco hecho.

—Cecil Rhodes

Pide consejo antes de comenzar, y cuando estés decidido, actúa prestamente.

—Salustio

Aquel que es demasiado precavido realiza muy poco en la vida.

—Schiller

Lo que está hecho no se puede deshacer.

—William Shakespeare

El cielo nunca le ayudará a aquellas personas que no actúan.

—Sófocles

Lo que hagas sin esfuerzo y con presteza, durar no puede, ni tener belleza.

—Plutarco

No confíes en el futuro por más placentero que sea. Deja que el tiempo pasado entierre a sus muertos. Actúa en el presente. Recuerda que si tú te ayudas, Dios te ayudará.

—Enrique W. Longfellow

¿Has visto hombre solícito en su obra? delante de los reyes estará; no estará delante de los de baja suerte.

Biblia - Proverbios *22:29*

De la tirantez de lo que hay por hacer llega la paz de lo hecho.

—Julia Woodruff

ADVERSIDAD

Un amigo en la adversidad es un amigo de verdad.

—Dicho Popular

En toda adversidad de la fortuna, el mal más grave es el haber sido felices.

—Boecio

La adversidad hace que el hombre se conozca a sí mismo.

—Anónimo

Dios lleva a los hombres a las aguas profundas, no para ahogarlos, sino para limpiarlos.

—Aughey

El fuego prueba el oro; la miseria, a los hombres fuertes.

—Séneca

Bienaventurado el varón que sufre la tentación; porque cuando fuere probado, recibirá la corona de vida.

—Biblia - Santiago *1:12*

El éxito nos muestra un lado del mundo; la adversidad nos trae el revés de la pintura.

—Colton

La prosperidad es un gran maestro; la adversidad es mucho más grande. La posesión embota la mente, la adversidad la fortalece.

—Hazlitt

No hay otra educación como la adversidad.

—Disraeli

La palabra "imposible" no está en mi vocabulario.

—Napoleón

En la adversidad de nuestros mejores amigos, encontramos siempre algo que no nos disgusta.

—La Rochefoucauld

Es mejor prender una vela, que maldecir las tinieblas.

—Confucio

> En las largas noches
> el helado invierno,
> cuando las maderas
> crujir hace el viento
> y azota los vidrios
> el fuerte aguacero,
> de la pobre niña
> a solas me acuerdo.

—Gustavo A. Bécquer

> Porque es áspera y fea,
> porque todas sus ramas son grises,
> yo le tengo piedad a la higuera.

—Juana de Ibarbourou

Gozan los ánimos fuertes en las adversidades, al igual que los soldados intrépidos triunfan en las guerras.

—Séneca

ALABANZA

Yo puedo vivir dos meses con una buena alabanza.

—Mark Twain

A menudo la verdadera alabanza es la recompensa del humilde, mientras que la engañosa es la remuneración del portentoso.

—Henry Home

Quien te alaba más de cuanto en ti hubiere, cábete dél guardar, ca engañar te quiere.

—Don Juan Manuel

Todo lo que es verdadero, todo lo honesto, todo lo justo, todo
lo puro, todo lo amable, todo lo que es de buen nombre;
si hay virtud alguna, si alguna alabanza, en esto pensad.

—Biblia - Filipenses *4:8*

Yo alabo en voz alta, y critico en voz baja.

—Catalina II de Rusia

El que refuta una alabanza merece ser alabado dos veces.

—La Rochefoucauld

Yo te hubiera alabado más a ti si tú me hubieras alabado menos.

—Luis XIV

El más dulce de todos los sonidos es la alabanza.

—Xenophón

Aquellos corazones que anteriormente latían con osadía por la
alabanza, ahora sienten que hasta han perdido el pulso.

—Thomas Moore

Alaba al sabio a sus espaldas, pero a una mujer en la cara.

—Proverbio galés

Como decían los griegos: "Muchos saben echar piropos, y muy
pocos rendir alabanzas".

—Wendell Phillips

Con desmayo se alaban las maldiciones.

—Wycherley

Las honestas palabras dan indicio de la honestidad del que las
pronuncia o las escribe.

—Cervantes

Y Jesús les dice: Sí. ¿Nunca leísteis: "De la boca de los niños y de los que maman perfeccionaste la alabanza"?

—*Biblia* - Mateo *21:16*

Esto, Inés, ello se alaba,
no es menester alaballo;
sólo una falta le hallo;
que con la priesa se acaba.

—*Baltasar del Alcázar*

No te contentes con alabar a las gentes de bien: imítalas.

—*Isócrates*

AMBICION

Si quitáramos la ambición y la vanidad, ¿dónde quedarían los héroes y los patriotas?

—*Séneca*

Correr el hombre debe, y con brío hacerse grande por la ambición.

—*León Tolstoi*

Todas las ambiciones son detestables; excepto las que ennoblecen al hombre y estimulan a la humanidad.

—*Joseph Conrad*

Una tumba es ahora suficiente para aquel que el mundo entero no le era suficiente.

—*Epitafio en la bóveda de Alejandro Magno*

No hay amigo del amigo,
ni los deudos son ya deudos,
ni hay hermano para hermano
si anda la ambición por medio.

—*José Echegaray*

Prefiero ser el primer hombre aquí que el segundo en Roma.

—*Julio César*

Cuando aspiras a alcanzar el puesto más alto, recuerda que es honorable la segunda, o tercera posición.

—*Cicerón*

Unce tu carro a las estrellas.

—*Ralph W. Emerson*

Muchos triunfarían en las pequeñas cosas, si no se dejaran llevar por la ambición.

—*Enrique W. Longfellow*

Es mejor reinar en el infierno que servir en el cielo.

—*John Milton*

Si quieres alcanzar lo más alto, empieza con lo más bajo.

—*Syrus*

La ambición destruye al poseedor.

—*El Talmud*

La ambición tiene sólo una recompensa, un poco de poder y un poco de fama, una tumba para descansar y un nombre olvidado para siempre.

—*William Winter*

Porque ¿qué aprovechará al hombre, si granjeare todo el mundo, y pierde su alma?

—*Biblia* - Marcos *8:36*

Aunque la ambición sea un vicio, no obstante, a menudo es causa de virtud.

—*Quintiliano*

Yo tenía una ambición, la misma de los ángeles caídos; y subí y subí hasta que ascendí al infierno.

—*W. H. Davis*

AMISTAD

El perro tiene más amigos que la gente porque mueve más la cola que la lengua.

—*Anónimo*

Un amigo puede compararse como la obra maestra de la naturaleza.

—*Ralph W. Emerson*

El cielo nos da los familiares; ¡Gracias a Dios que podemos escoger las amistades!

—*Addison Mizner*

Cuando amamos, servimos; cuando servimos, se puede decir que somos indispensables. Así es que ningún hombre es inútil mientras tiene un amigo.

—*Robert L. Stevenson*

Una triple bendición son nuestros amigos: vienen, se quedan y se van.

—*Richard K. Kirk*

La amistad, como la sombra vespertina, se ensancha en el ocaso de la vida.

—*Jean La Fontaine*

Hay amigos que sólo son para ruina, pero los hay más afectos que un hermano.

—*Biblia* - Proverbios *18:24*

Lo que es tuyo es mío, y lo que es mío es tuyo.

—*Platón*

Anda despacio cuando escojas a tus amigos; pero cuando los tengas mantente firme y constante.

—*Sócrates*

La verdadera amistad es una planta que crece despaciosamente, y debe resistir los azotes de la adversidad para poder dar buenos frutos.

—*Washington*

La prosperidad hace amistades y la adversidad las prueba.

—*Anónimo*

Los animales son buenos amigos, no hacen preguntas y tampoco critican.

—*George Eliot*

Nunca conserva firmes amistades quien sólo atento va a sus pretensiones.

—*Juan Ruiz de Alarcón*

La madera vieja quema mejor, el caballo viejo es mejor para montar, los viejos libros nos deleitan más, el vino añejo sabe mejor, así son los viejos amigos en los que podemos confiar.

—*Leonard Wright*

Si en algo tienes tu reputación, procura que tus compañeros sean personas distinguidas, pues vale más estar solo que mal acompañado.

—*G. Washington*

Cultivo una rosa blanca,
en julio como en enero,
para el amigo sincero
que me da su mano franca.
Y para el cruel que me arranca
el corazón con que vivo,
cardo ni ortiga cultivo:
cultivo una rosa blanca.

—*José Martí*

Si queréis formar juicio acerca de un hombre, observad quiénes son sus amigos.

—*Fenelón*

Aquel santo y venerable nombre de la amistad.

—*Ovidio*

Nunca sabréis quiénes son vuestros amigos hasta que caigáis en la desgracia.

—*Napoleón*

Un verdadero amigo es un alma en dos cuerpos.

—*Aristóteles*

La mejor manera de mantener las amistades es no debiéndoles nada a ellos ni permitir que ellos nos deban a nosotros.

—*Paul de Kock*

Mucho has perdido si un amigo perdiste, y será bien dificultoso hallar otro.

—*Gracián*

Los amigos son como las sandías. ¿Saben por qué? Para encontrar una dulce hay que probar un ciento.

—*Claude Marmet*

El que sabe corresponder a un favor recibido es un amigo que no tiene precio.

—*Sófocles*

La rosa de tu amistad
se me abrió muy lentamente,
en una dulce verdad
de anochecer sonriente.
Traías sobre la frente
una sombra de locura,
que yo apagué con ternura
más que de novio, de hermano
y velé tu calentura
—que también era la mía—,
aprisionando tu mano
hasta las claras del día.

—Rafael de León

AMOR

Aquel que se ama a sí mismo no tiene rival alguno.

—Benjamín Franklin

Amo el amor de los marineros que besan y se van.

—Pablo Neruda

El verdadero amor, el amor ideal, el amor del alma, es el que
sólo desea la felicidad de la persona amada, sin exigirle en
pago nuestra felicidad.

—Jacinto Benavente

El amor es sufrido, es benigno; el amor no tiene envidia, el
amor no hace sinrazón, no se ensancha; no es injurioso, no
busca lo suyo, no se irrita, no piensa el mal.

—Biblia - 1 Corintios *13:4,5*

Y amar (bien sabes de eso) es amargo ejercicio;
un mantener los párpados de lágrimas mojados,
un refrescar de besos las trenzas del cilicio
conservando, bajo ellas, los ojos extasiados.

—Gabriela Mistral

Todo en amor es triste, mas, triste y todo, es lo mejor que existe.

—*Campoamor*

Para calmar a aquellos que destierra
y darles la esperanza y el consuelo,
Dios puso a las mujeres en la tierra
y derramó los astros en el cielo.
Dio luz al valle y a los bosques bruma,
nieve a los montes y a los soles llama;
a la entreabierta flor dijo: "¡Perfuma!",
y al corazón de las mujeres: "¡Ama!"

—*Manuel Gutiérrez Nájera*

En la primera pasión la mujer ama a su amante, en las otras,
todo lo que ama es al amor.

—*Lord Byron*

El amor conquista todas las cosas; démosle paso al amor.

—*Virgilio*

Decir que uno puede amar a una persona por toda una vida es
como declarar que una vela puede mantenerse prendida
mientras dure su existencia.

—*León Tolstoi*

El amor del hombre es en su vida una cosa aparte, mientras que
en la mujer es su completa existencia.

—*Lord Byron*

El amor es un océano de emociones, rodeado completamente de
muchos gastos.

—*Lord Dewar*

Dos almas con un mismo pensamiento, dos corazones con el
mismo palpitar.

—*Von Munch-Bellinghausen*

El más dulce de los gozos, el más violento de los pesares, es el amor.

—Bailey

El hombre ama poco y muchas veces, la mujer ama mucho pocas veces.

—Basta

El primero y el último de nuestros amores es el amor propio.

—Bovee

La primera vista del amor es la última de la sabiduría.

—Antoine Bret

El amor es el esfuerzo que se hace el hombre para contentarse con una sola mujer.

—Paul Géraldy

No hay amor perdido entre nosotros.

—Cervantes

¡Cuán sabios son aquellos que son tontos en el amor!

—Joshua Cooke

El amor con los hombres no es un sentimiento, sino una idea.

—Madame de Girardin

Todos hemos nacido para el amor... Es el principio de nuestra existencia, como también es el fin.

—Disraeli

Es el amor, es el amor el que hace girar al mundo.

—Canción Francesa

El joven desea: amor, dinero y salud. Cuando llega a viejo desea: salud, dinero y amor.

—Paul Géraldy

Por eso juzgo y discierno
por cosa cierta y notoria,
que tiene el amor su gloria
en las puertas del infierno.

—*Cervantes*

Porque el Señor al que ama castiga.

Biblia - Hebreos *12:6*

El amor es el conflicto entre los reflejos y las reflexiones.

—*Magnus Hirschfeld*

La razón por la cual ios amantes nunca se cansan de hablar
es porque hablan de ellos mismos.

—*La Rochefoucauld*

El amor a menudo es el fruto del matrimonio.

—*Moliére*

La única victoria sobre el amor es la contienda.

—*Napoleón*

Amor —una enfermedad mental muy grave.

—*Platón*

Todo enamorado es ciego.

—*Propercio*

El amor es lo más sublime cuando se envuelve en llanto.

—*Sir Walter Scott*

No me ruegues que te deje, y me aparte de ti: porque donde
quiera que tú fueres iré yo; y donde quiera que vivieres, vi-
viré. Tu pueblo será mi pueblo, y tu Dios mi Dios.

—*Biblia* - Ruth *1:16*

La esencia del amor es el fuego espiritual.

—*Swedenborg*

Hace calor de Dios, amor...

—*Miguel Angel Asturias*

El amor es tan sólo una posada en la mitad del camino de la vida.

—*José Santos Chocano*

Los lechos negros logran la más fuerte rosa de amor; arraigan en la muerte.

—*Delmira Agustini*

Porque fuerte es como la muerte el amor. Duro como el sepulcro el celo.

—*Biblia* - Cantares 8:6

Amar a ella era una educación liberal.

—*Steele*

Es mejor haber amado para perderlo después, que nunca antes haber amado.

—*Tennyson*

Hay una voz secreta, un dulce canto,
que el alma sólo recogida entiende,
un sentimiento misterioso y santo,
que del barro al espíritu desprende;
agreste, vago y solitario encanto
que en inefable amor el alma enciende,
volando tras la imagen peregrina,
el corazón de su ilusión divina.

—*Espronceda*

Algunas mujeres le piden a Dios que les permita casarse con el hombre que aman; yo sólo le pido que pueda amar al hombre con que me case.

—*Rose Pastor Stokes*

¡Pues bien! yo necesito
decirte que te adoro,
decirte que te quiero
con todo el corazón.

—Manuel Acuña

Aparta un amor viejo con un amor nuevo, como un clavo saca
otro clavo.

—Cicerón

. . . Se entró de tarde en el río,
la sacó muerta el doctor:
dicen que murió de frío:
yo sé que murió de amor.

—José Martí

No me tienes que dar porque te quiera;
pues aunque lo que espero no esperara,
lo mismo que te quiero te quisiera.

—Anónimo sevillano

La mujer es un ángel de bondad que puso en las manos del hombre la lira del sentimiento y del amor.

—Anónimo

¡Dios te bendiga, amor, porque eres bella!
¡Dios te bendiga, amor, porque eres mía! . . .
¡Dios te bendiga, amor, cuando te miro!
¡Dios te bendiga, amor, cuando me miras!

—Eduardo Marquina

ANIMALES

Devuelve a la desnuda ramada,
nocturna mariposa,
Las hojas secas de tus alas.

—José Juan Tablada

La primavera muere,
y se llenan de lágrimas
los ojos de los peces.

—Inembo

Los animales son amigos muy agradables: cuando están contentos demuestran la alegría.

—Anónimo

Si no fuera por mi gato y por mi perro no valdría la pena vivir.

—Ebenezer Elliott

¡Un caballo! ¡Un caballo! ¡Mi reino por un caballo!

—Shakespeare

Una mula no tiene ni orgullo ni abolengo, ni aspira alcanzar posteridad.

—Ingersoll

La cigarra,
nada revela en su canto
que debe morir mañana.

—Basho

El hombre muestra su superioridad por dentro; los animales por fuera.

—Proverbio ruso

Canta un pájaro tierno sin que abarque
ningún amor cercano en sus silbidos,
porque los fríos árboles del parque
son tan correctos que no tienen nidos.

—Horacio Rega Molina

Mono vestido de seda,
nunca deja de ser mono.

—Góngora

Que eres loba de mar y remadora,
Virgen del Carmen, y patrona mía,
escrito está en la frente de la aurora,
cuyo manto es el mar de mi bahía.

—Rafael Alberti

Dice el perezoso: El león está en el camino.

—Biblia - Proverbios *26:13*

¿Es una nube? ¿Es un punto vacío
en el azul . . .? No, amigo mío,
es un bando de garzas . . . Son las novias del río . . .

—Andrés Eloy Blanco

¡Ah, perro miserable,
que aun vives del cajón de la bazofia,
—como cualquier político— temiendo
las sorpresas del palo de la escoba!

—Luis Carlos López

Dos lánguidos camellos, de elásticas cervices,
de verdes ojos claros y piel sedosa y rubia,
los cuellos recogidos, hinchadas las narices,
a grandes pasos miden un arenal en Nubia.

—Guillermo Valencia

La serpiente es la rúbrica del paisaje.

—Ramón Gómez de la Serna

Cantadora sencilla de una gran pesadumbre,
entre ocultos follajes, la paloma torcaz
acongoja las selvas con su blanda quejumbre,
picoteando arrayanes y pepitas de agraz.

—José Eustasio Rivera

Yo creo que yo pudiera vivir con los animales: son tan plácidos
y sencillos.

—Walt Whitman

Caracol:
mínima cinta métrica
conque mide el campo Dios.

—*Jorge Carrera Andrade*

Corazón de leona
tienes a veces.
Zarpa, nardo del odio,
siempre floreces.
Una leona
llevaré a cada día
como corona.

—*Miguel Hernández*

Un gorrión
como un chico en su silabario
le repite a un árbol su lección.

—*Alberto Guillén*

Cría cuervos y te sacarán los ojos.

—*Esopo*

Volverán las oscuras golondrinas
en tu balcón sus nidos a colgar,
y otra vez con el ala a sus cristales
jugando llamarán . . .

—*Gustavo Adolfo Bécquer*

AÑO NUEVO

Receta para el año nuevo: Buen humoricín, 60 gotas; Paciencia-
mina, 500 gr.; Comprensión Forte, 1 kg. Mézclese con la mayor cantidad posible de Amor: tómese durante 365 días.
Dr. Año Viejo.

—*El Espectador, Bogotá*

El año nuevo, como el infante heredero del mundo, es recibido con albricias, regalos y alegrías.

—Charles Dickens

Se ha ido el año, quedando en el pasado
truncada tal vez nuestra ambición,
o quizás nuestro sueño habrá alcanzado
el influjo precoz de una ilusión ...

—R. Escandón

Mas los años de los impíos serán acortados.

—Biblia - Proverbios 10:27

Del año nuevo la primera aurora
bañó las frondas de la selva oscura
y con su luz fosforescente y pura
el astro rey la inmensidad decora.

—Jesús Guevara

Año nuevo, vida nueva.

—Dicho Popular

APETITO

Cuando te levantes de la mesa procura tener un poco de apetito, y nunca te faltará cuando te vuelvas a sentar.

—William Penn

Los animales tragan, los hombres comen; y el hombre de intelecto sabe cómo digerir.

—Brillat-Savarin

Toda la filosofía se basa en dos palabras: sustentarse y abstenerse.

—Epicteto

Si te sorprenden tus males, cuenta tus comidas.

—Séneca

No con sólo pan vivirá el hombre.

—Biblia - Lucas *4:4*

Unos tienen comida y no tienen apetito; otros tienen apetito y no tienen comida. Yo tengo ambas cosas. Loado sea el Señor.

—Oliver Cromwell

Comamos, bebamos y entremos en casamiento, que mañana estaremos a dieta.

—William G. Beymer

Dime lo que comes y te diré lo que eres.

—Brillat-Savarin

El apetito viene comiendo; la sed se va bebiendo.

—Rabeláis

Es mejor la mitad de un pan para el apetito, que pan ninguno.

—Camden

Cuando nos acercamos al hueso, más dulce se nos hace la carne.

—Proverbio inglés

Comamos y bebamos, que mañana moriremos.

—Biblia - Isaías *22:13*

El camino al corazón del hombre es a través de su estómago.

—Sarah Payson Parton

Dicen que los dedos fueron hechos antes que los tenedores, y las manos antes que los cuchillos.

—Swift

El pan es el sostén de la vida.

—*Swift*

Apetito nunca tuvo
acabando de comer,
ni gozó salud completa
cuando no se hallaba bien.

—*Rafael Pombo*

El agua es la única bebida para el hombre sabio.

—*Thoreau*

Come poco y cena más poco, que la salud de todo el cuerpo se
fragua en la oficina del estómago... Sé templado en el beber,
considerando que el vino demasiado ni guarda secreto ni
cumple palabra... Sea mesurado tu sueño, que el que no
madruga con el sol, no goza del día.

—*Cervantes*

APRENDER

Los hombres aprenden mientras enseñan.

—*Séneca*

Las muchas letras te han vuelto loco.

—*Biblia* - Hechos *26:24*

Es mejor que aprender mucho el aprender cosas buenas.

—*José Hernández*

Siempre hay tiempo para que los viejos aprendan.

—*Aquiles*

Todos quieren aprender, pero ninguno está dispuesto a pagar el
precio.

—*Juvenal*

La lectura forma al hombre; las conferencias lo alistan; y la escritura lo perfecciona.

—*Bacon*

Saber leer es saber andar. Saber escribir es saber ascender.

—*José Martí*

Aquella tarde, el viejo y venerado maestro, a quien solían llamar Próspero, por alusión al sabio mago de "La Tempestad" shakespeareana, se despedía de sus jóvenes discípulos, pasado un año de tareas, congregándolos una vez a su alrededor.

—*José Enrique Rodó*

Los tres fundamentos del aprendizaje: mirar mucho, sufrir mucho y estudiar mucho.

—*Catherall*

Con la buena educación es el hombre una criatura mansa y divina; pero sin ella es el más feroz de los animales. La educación y la enseñanza mejoran a los buenos y hacen buenos a los malos.

—*Platón*

La cultura es la buena educación del entendimiento.

—*Jacinto Benavente*

Saber poco es muy peligroso.

—*Alejandro Pope*

La educación corrige las cualidades que nos dio la naturaleza, y la cultura fortalece el ánimo; cuando faltan los principios morales, los vicios degradan nuestras naturales prendas.

—*Horacio*

Aquellos que nada han aprendido no han olvidado nada.

—*Chevalier de Panat*

Un hombre que estudia es un holgazán que mata el tiempo estudiando.

—*George B. Shaw*

Nuestro defecto es aprender más por la escuela que por la vida.

—*Séneca*

Lo que sabes, guárdalo como tu reloj, en un bolsillo privado; y no lo saques para lucirlo o para que los demás escuchen el sonido.

—*Lord Chesterfield*

ARMAS

Haced espadas de vuestros azadones, lanzas de vuestras hoces; diga el flaco: fuerte soy.

—*Biblia* - Joel *3:10*

Las armas nos dieron la independencia, las leyes nos darán la libertad.

—*Francisco de Paula Santander*

Las armas requieren espíritu como las letras.

—*Cervantes*

El Señor vino. Y con labios temblorosos contó los acorazados europeos. Entonces reflexionó: "Tantas personas en el mundo carecen de pan, en cambio a este continente le sobran armamentos."

—*Norman Gale*

Lancé una flecha al aire, cayó a la tierra, pero no sé dónde.

—*Longfellow*

Más hermoso parece el soldado muerto en la batalla que sano en la huida.

—*Cervantes*

La guerra es de por vida en los hombres, porque es guerra la vida, y vivir y militar es una misma cosa.

—*Quevedo*

Vestíos de toda la armadura de Dios, para que podáis estar firmes contra las acechanzas del diablo.

—*Biblia* - Efesios *6:11*

La justicia no triunfará por sí sola. Para que triunfe ha de tener soldados que peleen por ella. El ideal de utilidad no puede hacer buenos soldados. Los soldados de la justicia podrán ser hombres aficionados a las comodidades, pero tendrán que inspirarse en ideales superiores a la utilidad.

—*Ramiro de Maeztu*

La mejor arma contra la ignorancia es el estudio.

—*R. Escandón*

Mis arreos son las armas;
mi descanso es pelear;
mi cama, las duras penas;
mi dormir, siempre velar...

—*Romancero*

ARTE

El arte es la expresión del deleite del hombre en la obra de Dios, no en la propia.

—*John Ruskin*

El arte es un compendio de la naturaleza formado por la imaginación.

—*Eca de Queiroz*

El arte es duradero, y el tiempo es veloz.

—Longfellow

Todo arte no es sino la imitación de la naturaleza.

—Séneca

El arte por el arte.

—Victor Cousin

El arte, en todo lo que le concierne, copia a la naturaleza, como el alumno que imita a su maestro; así debe ser tu arte, como descendiente de Dios que eres.

—Dante

Una pintura es un poema sin palabras.

—Horacio

El arte tiene un enemigo que se llama ignorancia.

—Ben Johnson

El verso es vaso santo; poned en él tan sólo
un pensamiento puro,
en cuyo fondo bullan hirvientes las imágenes
como burbujas de oro de un viejo vino oscuro.

—José A. Silva

El arte en sí no es un fin, más bien es un medio para dirigirse a la humanidad.

—M. P. Moussorgsky

El arte es como una enfermedad.

—Giacomo Puccini

Una obra de arte es un gozo eterno.

—Keats

En realidad, el arte no es el pan, sino el vino de la vida.

—Jean Paul Richter

El arte es difícil, transitoria su recompensa.

—Schiller

El arte necesita de la soledad, de la miseria o de la pasión. Es una flor roquera que pide vientos fuertes y terrenos duros.

—A. Dumas, hijo

El artista no ve las cosas tal como son, sino como él es.

—Alfred Tonnelle

El gran arte es tan irracional como la grande música. Está borracho de su propia belleza.

—George Jean Nathan

¡Qué artista ha perdido el mundo!

—Dijo Nerón antes de morir

El arte es largo, la vida breve.

—Hipócrates

El verso, por donde quiera que se quiebre, ha de dar luz y perfume.

—José Martí

ASOCIADO

El que anda con la miel, algo se le pega.

—Dicho popular

Cuando una paloma empieza a juntarse con un cuervo, las plumas permanecen blancas, pero el corazón se torna negro.

—Proverbio alemán

El que anda con los sabios, sabio será.

—Biblia - Proverbios *13:20*

AUDACIA

Audacia, más audacia, y siempre audacia.

—Danton, durante la Revolución Francesa

La fortuna favorece al audaz.

—Erasmo

AUSENCIA

La ausencia es causa del olvido.

—Dicho popular

La ausencia permite que el corazón se vuelva más cariñoso.

—Thomas Haynes Bayly

Aquiles ausente, todavía era Aquiles.

—Homero

Pues yo, ausente en cuerpo, pero presente en espíritu. ·

—Biblia - 1 Corintios *5:3*

No permitáis que ninguno hable mal de la ausencia.

—Propercio

¿Preguntas qué es dolor?. Un viejo amigo
ahuyentador de mis profundas quejas,
que se haya ausente cuando estás conmigo,
que está conmigo cuando tú te alejas.

—Campoamor

Hace tiempo se fue la primavera...
¡Llegó el invierno fúnebre y sombrío!
Ave fue nuestro amor, ave viajera,
¡Y las aves se van cuando hace frío!

—*Ismael Enrique Arciniegas*

¿Te vas?... Oye un instante mi súplica, marino:
cuando tras largo viaje regreses a la aldea
y salgan a encontrarte tus hijos al camino
que en medio de los árboles añosos serpentea,
busca a mi novia: es pálida como un jazmín doliente;
su voz es un milagro de amor y de ternura;
está siempre llorosa y siempre indiferente
mirando el sol que muere detrás de la llanura...

—*Ricardo Nieto*

Dicen que la ausencia es
semejanza de la muerte,
y yo digo que es mentira,
porque te adoro sin verte.

—*Anónimo*

AUTOR

El que escribe prosa establece su fama en el templo de la arena;
el que escribe versos la construye en el templo de granito.

—*Bulwer-Lytton*

Guarda para su regalo
esta sentencia un autor:
si el sabio no aprueba, malo;
si el necio aplaude, peor.

—*Tomás de Iriarte*

Éste es un libro de buena fe, lector.

—*Montaigne*

Una colección de bellas máximas es un tesoro más estimable que
las riquezas.

—Isócrates

La pluma es la lengua de la mente.

—Cervantes

El autor que habla de sus propios libros es peor que la madre
que sólo habla de sus hijos.

—Disraeli

La tinta del intelectual es más santa que la sangre del mártir.

—Mahoma

Un buen escritor muy pocas veces tiene buena inspiración cuando habla de sí mismo.

—Anatole France

Dios mío, ¡cuántas cosas le diría
si supiera escribir!

—Campoamor

Una sarna incurable por escribir toma posesión de muchos, y
crece en forma empedernida en el corazón de los insanos.

—Juvenal

Le pedí un sublime canto que endulzara
mi rudo, monótono y áspero vivir;
Él me dio una alondra de rima encantada . . .
¡Yo quería mil!

—Porfirio Barba Jacob

Ha muchos años que busco el yermo,
ha muchos años que vivo triste,
ha muchos años que estoy enfermo,
¡y es por el libro que tú escribiste!

—Amado Nervo

Emprendo a formar, con un libro enano, un varón gigante, y con breves períodos, inmortales hechos.

—Baltasar Gracián

Nuestras letras sóis vosotros, escritas en nuestros corazones, sabidas y leídas de todos los hombres.

—Biblia - 2 Corintios *3:2*

No hay libros morales ni inmorales. Los libros están bien escritos o no lo están.

—Oscar Wilde

BELLEZA

La rosa es más bella y dulce cuando está en el capullo que cuando ha reventado.

—Juan Lyly

He amado el principio de la belleza en todas las cosas. Y si hubiera tenido tiempo me hubiera dado a conocer.

—Keats

Recorrer podemos todo el mundo en busca de la belleza, pero si no la llevamos con nosotros nunca la encontraremos.

—Ralph W. Emerson

Raramente van juntas la belleza y la sabiduría.

—Petronio

Porque ese cielo azul que todos vemos,
ni es cielo, ni es azul. ¡Lástima grande
que no sea verdad tanta belleza!

—Lupercio Leonardo de Argensola

No hay cosmético mejor para la belleza como la felicidad.

> —*Lady Blessington*

A florecer las rosas madrugaron,
y para envejecerse florecieron:
cuna y sepulcro en un botón hallaron.
Tales los hombres sus fortunas vieron:
en un día nacieron y expiraron;
que pasados los siglos, horas fueron.

> —*Calderón de la Barca*

Todo lo que es sorprendente y bello no es siempre bueno, pero todo lo que es bueno es siempre bello.

> —*Ninon de L'Enclos*

La belleza es eterna cuando se refleja en el espejo.

> —*Kahlil Gibran*

La belleza es verdad, verdadera belleza.

> —*Keats*

La belleza es el primer regalo que le otorga la naturaleza a la mujer, y lo primero que se lleva.

> —*Meré*

La belleza que atrae, rara vez coincide con la belleza que enamora.

> —*José Ortega y Gasset*

La belleza es poderosa; una sonrisa es su espada.

> —*Charles Reade*

La belleza es un reino muy corto.

> —*Sócrates*

Engañosa es la gracia, y vana la hermosura.

> —*Biblia* - Proverbios *31:30*

No hay excelente belleza que no tenga algo extraño en proporción.

—*Bacon*

Lo que es bello es bueno y quien es bueno también llegará a ser bello.

—*Sappho*

Si tienes belleza y nada más, has conseguido el mejor invento de Dios.

—*Robert Browning*

BENDICIONES

Cuenta tus bendiciones y te sorprenderás.

—*William Feather*

Bienaventurados los pobres en espíritu, porque de ellos es el reino de los cielos.

—*Biblia* - Mateo 5:3

Dios me bendijo a mí y a mi hijo Juan; a mí y a mi esposa; a él y a su esposa, a nosotros los cuatro, y eso es todo.

—*Anónimo*

Las bendiciones nunca vienen en pares, y los infortunios nunca viene solos.

—*Proverbio chino*

¡Que Dios nos bendiga a todos!

—*C. Dickens*

Muy cerca de mi ocaso, yo te bendigo, vida,
porque nunca me diste ni esperanza fallida
ni trabajos injustos, ni pena inmerecida;
porque veo al final de mi rudo camino
que yo fui el arquitecto de mi propio destino.

—*Amado Nervo*

Señor, hazme un instrumento de paz. Donde hay odio, déjame sembrar amor; donde hay injuria, perdón; donde hay duda, fe; donde hay desesperación, consuelo; donde hay oscuridad, luz; y donde hay tristeza, alegría. Oh Divino Maestro, permite que en vez de ser consolado pueda consolar; en lugar de ser entendido pueda entender; que pueda amar en vez de ser amado; porque dando es como recibimos, perdonando somos perdonados, y muriendo en tu nombre alcanzaremos la vida eterna.

—*San Francisco de Asís*

Bienaventurado el varón que no anduvo en consejos de malos, ni estuvo en camino de pecadores, ni en silla de escarnecedores se ha sentado.

—*Biblia* - Salmos *1:1*

Bienaventurado el hombre que, no teniendo nada que decir, se abstiene de comunicarnos la evidencia de sus hechos.

—*George Eliot*

Bienaventurados los que saben dar sin recordarlo, y recibir sin olvidarlo.

—*Anónimo*

BESO

Algunas mujeres se sonrojan cuando las besan; otras llaman a la policía; algunas maldicen; otras muerden. Pero las peores son las que se ríen.

—*Anónimo*

Ven, pon tu cabeza en mi seno
que mi beso será eterno.

—*Lord Byron*

Fue tu beso, Señor, que me hizo inmortal.

—*Margaret Fuller*

Por una mirada, un mundo;
por una sonrisa, un cielo;
por un beso . . . ¡yo no sé
qué te diera por un beso!

—Bécquer

Un largo, largo beso, un beso de juventud, y de amor.

—Lord Byron

Los besos robados son siempre los más dulces.

Leigh Hunt

¡Señor! A menudo me pregunto quién sería ese tonto que inventó el beso.

—Swift

Deja un beso en mi copa y nunca más tocaré el vino.

—Ben Johnson

En la mejilla es bondad,
en los ojos ilusión,
en la frente majestad,
y entre los labios pasión.

—Campoamor

Las almas se juntan en los labios de los amantes.

—Shelly

Pero el único idioma universal es el beso.

—Alfred De Musset

La dulce boca que a gustar convida
un humor entre perlas destilado . . .

—Góngora

Dame el beso soñado en mis noches,
en mis noches tristes de penas y lágrimas,
que me deje una estrella en los labios
y un tenue perfume de nardo en el alma.

—*Juana Borrero*

Un beso de madre, guarda muchas honras de mujer.

—*Marquina y Hérnandez Catá*

Beso: la yuxtaposición anatómica de dos músculos en estado de
contracción.

Dr. Henry Gibbons

La dulce Helena me inmortalizó con un beso; sus labios extrajeron mi alma, la cual revolotea por el espacio.

—*Christopher Marlowe*

¿Con un beso entregas al Hijo del hombre?

—*Biblia* - Lucas 22:48

Tus besos y tus lágrimas tuve en mi boca yo;
tus risas, tus fragancias, tus quejas, eran mías.

—*Rubén Darío*

¿Que robe un beso a su faz?
(de ese pecado me absuelvo).
Si quieres te lo devuelvo . . .
¡y así quedamos en paz!

—*Julio Flores*

BIOGRAFIA

Los mejores maestros del mundo son las vidas de los grandes
hombres.

—*Orson Squire Fowler*

De todos los estudios, el más agradable y provechoso es el de la biografía.

—*Walter Savage Landor*

Una biografía es el recuento de algo tan efímero como volátil, tan emotivo como el espíritu del hombre.

—*León Edel*

La historia es la esencia de innumerables biografías.

—*T. Carlyle*

Al mundo le gusta leer con interés las biografías de los grandes hombres, porque se parecen a una ventana. Si la biografía es bien buena, la ventana estará abierta y dejará penetrar su resplandor.

—*Marchette Chute*

Las biografías de aquellos paladines que surgieron de la nada y lograron ascender a las cumbres, son inspiradoras y a la vez instructivas, porque existe la tendencia a la imitación.

—*Horace Mann*

Toda vida tiene algo de provecho.

—*Samuel Johnson*

La biografía es, quizás, la más interesante rama de la composición.

—*Sir Walter Scott*

Le aconsejo a todos que estudien las vidas de los demás con un lente de aumento, así verán las cosas buenas en forma magnificada.

—*Terencio*

El estudio de la biografía consiste en conocer el interior del hombre, relacionarse con su carácter, y seguir el ejemplo de sus buenas acciones.

—*Harvey Breit*

Por sus frutos los conoceréis.

—Biblia - Mateo 7:16

La biografía es la única historia verdadera.

—Carlyle

Una anécdota de un hombre vale más que un volumen de biografía.

—Channing

Cada hombre prominente en la actualidad tiene sus discípulos, y siempre hay un Judas que escribe la biografía.

—Oscar Wilde

Ser ignorante de los hombres célebres de antaño es como continuar en la niñez después que hemos crecido.

—Plutarco

BONDAD

Aquel que hace el bien desinteresadamente, sin interés al elogio y a la recompensa, al final de cuentas tendrá ambas cosas.

—William Penn

Los hombres se asemejan a los dioses cuando hacen el bien a la humanidad.

—Cicerón

La buena hospitalidad es sencilla; consiste en un poco de fuego, algo de comida, y mucha quietud.

—Ralph W. Emerson

La bondad es la cadena de oro que enlaza a la sociedad.

—J. W. von Goethe

A los que a Dios aman, todas las cosas les ayudan a bien.

—*Biblia* - Romanos *8:28*

Aquél que procura asegurar el bienestar ajeno, ya tiene asegurado el propio.

—*Confucio*

Si te detienes para ser bondadoso, a menudo te apartarás de tu sendero.

—*Mary Webb*

Espera en Jehová, y haz bien; vivirás en la tierra, y en verdad serás alimentado.

—*Biblia* - Salmos *37:3*

No hay mayor seguridad que en hacer lo bueno.

—*John Fountain*

Tan sólo es noble ser bueno.

—*Tennyson*

Sé bueno y te aburrirás.

—*Mark Twain*

Hay cosas buenas aun en lo malo; sólo observando se puede distinguir.

—*Shakespeare*

Examinadlo todo; retened lo bueno.

—*Biblia* - *1* Tesalonicenses *5:21*

Haz todo el bien que puedas,
por todos los medios que puedas,
de todas las maneras que puedas,
en todos los lugares que puedas,
en cualquier tiempo que puedas,
a toda la gente que puedas,
y tanto como tú puedas.

—*John Wesley*

Feliz sería el hombre si entendiera, que no hay otra satisfacción sino en hacer lo bueno.

—John Fountain

¿De Nazaret puede haber algo bueno?

—Biblia - Juan *1:46*

El premio y la corona de toda la bondad, la estrella de la vida, se encuentra en la hermandad.

—Edwin Markham

La bondad, entre más comunicativa, crece con mayor rapidez.

—Milton

Haz el bien sin mirar a quién.

—Dicho popular

No hay virtud de más valor que hacer bien por sólo hacerlo.

—Alonso de Barros

En dondequiera que se halle un hombre, puede hacerse un beneficio.

—Séneca

CABALIDAD

La muy rosada perfección.

—Goldsmith

He peleado la buena batalla, he acabado la carrera, he guardado la fe.

—Biblia - 2 Timoteo *4:7*

Hay tantas mujeres bellas, pero no hay perfectas.

—*Victor Hugo*

El trato cabal es actitud de caballeros.

—*R. Escandón*

CABALLERO

Poderoso caballero don Dinero.

—*Quevedo*

Un caballero es aquel que, no estando de acuerdo, no muestra
su disgusto.

—*Anónimo*

El caballero es un producto del cristianismo.

—*George H. Calvert*

Caballero una vez, caballero por siempre.

—*Dickens*

Nunca fuera caballero
de damas tan bien servido
como fuera Don Quijote
cuando de su aldea vino;
doncellas curaban del;
princesas, de su rocino.

—*Cervantes*

Para formar un caballero se necesitan varias cosas; ante todo
visitar al peluquero.

—*Goldsmith*

Los modales apropiados y la consideración para los demás, son
las dos principales características de un caballero.

—*Disraeli*

CABELLO

Su cabello se mantuvo rígido como las agujas de un puercoespín.

—*Boccaccio*

Las canas son un símbolo de vejez, no de sabiduría.

—*Proverbio griego*

Nunca ha habido un santo pelirrojo.

—*Proverbio ruso*

Pues aun vuestros cabellos están contados.

—*Biblia* - Mateo *10:30*

Los niños no tienen pelo ni tampoco los ancianos; entre la cuna y la tumba se encuentra la motilada.

—*Samuel Hoffenstein*

CARACTER

Se puede apreciar el carácter de un hombre en la forma como recibe la alabanza.

—*Séneca*

El carácter y la fuerza física son las dos únicas inversiones que vale la pena explotar.

—*Walt Whitman*

El carácter es lo que somos en la oscuridad.

—*Dwight L. Moody*

La gran esperanza de la sociedad radica en el carácter del individuo.

—*Channing*

En las cosas grandes los hombres se muestran como les conviene; en las cosas pequeñas se muestran tales como son.

—*Chamfort*

Muéstrame un muchacho con carácter y yo te indicaré un futuro líder.

—*R. Escandón*

El carácter es una voluntad desarrollada.

—*Hardenberg*

El mejoramiento humano viene de adentro hacia afuera.

—*Froude*

Tu discurso está escrito en tu frente; lo he leído antes de que hables.

—*Marco Aurelio*

El talento se nutre en la soledad; el carácter se forma en las oleadas tormentosas del mundo.

—*Goethe*

La educación, más que la naturaleza, es causa de la notable diferencia de caracteres que observamos en los hombres.

—*Lord Chesterfield*

Sólo lo que hemos invertido en nuestro carácter podemos llevar con nosotros.

—*Humboldt*

Nunca muestra un hombre tan claramente su carácter como cuando describe el carácter de otro hombre.

—*Jean Pablo Richter*

La mayor necesidad del mundo es la de hombres que no se vendan ni se compren; hombres que sean sinceros y honrados en lo más íntimo de sus almas; hombres que no teman dar al pecado el nombre que le corresponde; hombres cuya conciencia sea tan leal al deber como la brújula al polo; hombres que se mantengan de parte de la justicia aunque se desplomen los cielos.

—Elena G. de White

En un libro habla el entendimiento; en la fisonomía se revela el alma.

—V. Duruy

Cada hombre tiene tres caracteres: el que exhibe, el que tiene, y el que cree que tiene.

—Alphonse Karr

En el clamor de la multitud, en los aplausos y en las burlas, o en el cariño de los demás, no encontramos el triunfo o la derrota; sólo se encuentra dentro de nosotros mismos.

—Longfellow

La fama es lo que has tomado; el carácter es lo que das; cuando prestes atención a esta poderosa verdad entonces comenzarás a vivir.

—Bayard Taylor

Si dudas que una acción puede ser buena o mala, abstente de ella.

—Zoroaster

Se fiel hasta la muerte, y yo te daré la corona de la vida.

—Biblia - Apocalipsis *2:10*

Tienes alma de agua.
¡Qué alegre cuando vienes a mí llena!
¡Qué triste cuando, exhausta, te me escapas!

—Juan Ramón Jiménez

Es el carácter una de las fuerzas motrices más grandes que exis-
ten en el mundo, y en sus rasgos más nobles representa la
naturaleza humana en toda su grandeza, porque nos muestra
al hombre en su aspecto más favorable.

—Samuel Smiles

Si hay rectitud en el corazón habrá belleza en el carácter. Si
hay belleza en el carácter, habrá armonía en el hogar y
orden en la nación. Cuando hay orden en la nación hay
paz en el mundo.

—Proverbio chino

La dificultad atrae al hombre de carácter, porque es en la adversidad que el verdadero hombre se conoce a sí mismo.

—Charles de Gaulle

Un gran carácter, basado en la roca viva de los principios, no
es un fenómeno aislado... Sobrevive al hombre que lo posee,
sobrevive a su época; tal vez a su país y a su idioma.

—E. Everett

Si cuido mi carácter mi reputación se cuidará sola.

—D. L. Moody

Tal como el índice para el libro así es el carácter de un muchacho en su vida futura.

—M. Farnsworth

CASAMIENTO

Cásate y verás.

—Advertencia popular

Casamientos de parientes
tienen mil inconvenientes.

—Cervantes

El hombre se casa para retirarse del mundo, la mujer para entrar en él.

—*Louis A. Pétiet*

El hombre cuando se casa, o nada o se ahoga —y no le conviene ahogarse.

—*Rudyard Kipling*

El matrimonio es un romance cuyo héroe muere en el primer capítulo.

—*Anónimo*

Un hombre representa siete años más al día siguiente del matrimonio.

—*Bacon*

Una mujer debe ser un genio para crear un buen marido.

—*Balzac*

Un esposo sordo y una mujer ciega formarían una pareja excelente.

—*Proverbio danés*

Donde haya matrimonio sin amor, habrá amor sin matrimonio.

—*Franklin*

Consejo para aquellos que están listos a casarse: ¡No se casen!

—*Henry Mayhew*

Es mejor casarse que quemarse.

—*Biblia* - Corintios 7:9

No se casen por el dinero, sino por lo que representa.

—*Tennyson*

Casarse una vez es una obligación; dos veces, una tontería; y tres veces, una locura.

—*Proverbio holandés*

Se le acaban los nervios a una persona cuando tiene que ser
amable todos los días con el mismo ser humano.

—Disraeli

Todas las mujeres deberían casarse, pero no los hombres.

—Disraeli

Abre los ojos bien antes de casarte y manténlos entre abiertos
después que te cases.

—Thomas Fuller

Novia llorosa, sonriente esposa; novia sonriente, esposa llorosa.

—Proverbio alemán

Matrimonio: alta mar donde no se ha inventado una brújula
para orientarse.

—Heine

Lo que Dios juntó, no lo aparte el hombre.

—Biblia - Mateo 19:6

Si te casas sabiamente, tendrás equidad.

—Ovidio

La mujer llora antes del matrimonio, el hombre después.

—Proverbio polaco

CASTIGO

Deje que se cocinen en su propia grasa.

—Bismarck

Grande es mi iniquidad para ser perdonada.

—*Biblia* - Génesis *4:13*

Es más peligroso, en todo tiempo, que un culpable sea castigado sin las formas de la ley, que dejarle escapar.

—*Jefferson*

Un hombre recibe un infame castigo por el crimen que pertenece a la corona de otro.

—*Juvenai*

Nadie debe ser castigado por el mismo crimen dos veces.

—*Máxima legal*

Dios castiga en los hijos las culpas de los padres, porque sabe que no hay mayor dolor para los padres que el dolor de los hijos.

—*Jacinto Benavente*

El único propósito del castigo es la prevención del mal; nunca debe ser impulsivo al bien.

—*Horace Mann*

El castigo de los criminales debe ser compulsorio; cuando a un hombre lo ahorcan no sirve para nada.

—*Voltaire*

Todo castigo es dañino. Todo castigo en sí es perjudicial.

—*Jeremy Bentham*

A los hombres no los ahorcan por robar caballos, sino para que no se roben los caballos.

—*Lord Halifax*

La tierra contiene en sí misma el mal y su remedio.

—*Milton*

Mi corazón me pediste.
No te lo pude negar.
Me lo quieres devolver.
Yo no lo quiero tomar.
¿Qué vamos a hacer con él?

—*Manuel Machado*

CAUSA

No hay causa básica para todos los efectos.

—*Giordano Bruno*

En la guerra, los eventos de importancia son el resultado de causas triviales.

—*Julio César*

¡Que Dios nos ampare si nuestra causa es justa!

—*Shakespeare*

Todo en la naturaleza es una causa de donde surgen los efectos.

—*Espinosa*

CELOS

Aquel que no es celoso no está enamorado.

—*San Agustín*

En los celos hay más amor propio que amor.

—*La Rochefoucauld*

¡Oh celos! La más grande de las bagatelas.

—*Schiller*

Los ojos de los celosos son verdes.

—*Shelly*

Los celos no son más que un homenaje estúpido que adoran los mediocres.

—*Madame de Puisieux*

Líbrame, Oh Señor, de los celos; es el monstruo de ojo verde que se burla de la carne que se alimenta.

—*Shakespeare*

Puedo resistir mi propia desesperación, pero no la esperanza de otro.

—*William Walsh*

Bueno es ser celoso en bien siempre.

—*Biblia* - Gálatas *4:18*

El celo es ciego, o terriblemente controlado, cuando interfiere con el bienestar ajeno.

—*Pasquier Quesnel*

Mi celo me ha consumido.

—*Biblia* - Salmos *119:139*

Siempre son desatinadas
las venganzas de los celos.

—*Cervantes*

El celo ciego sólo puede hacer daño.

—*Magnus Gottfried Lightwer*

Ser fanático en religión es como ser irreligiosamente religioso.

—*William Penn*

El celo de los tontos ofende en gran estima,
y siempre ofende más cuando lo hacen en rima.

—A. Pope

El celoso no puede ser jocoso.

—Anónimo

Son celos cierto temor
tan delgado y tan sutil,
que si no fuera tan vil,
pudiera llamarse amor.

—Lope de Vega

Para tener celos basta
sólo el temor de tenerlos;
que ya está sintiendo el daño
quien está sintiendo el riesgo.

—Sor Juana Inés de la Cruz

CENSURA

Me mortifica cuando me dicen que, en los Estados Unidos de
Norteamérica, la venta de un libro puede ser objeto de censura, y de investigación criminal.

—Jefferson

La censura es el impuesto que paga el hombre a la sociedad
por ser eminente.

—J. Swift

Con frecuencia, lo ridículo soluciona los problemas más intrin-
cados en forma más efectiva que cuando se actúa con seve-
ridad.

—Horacio

Si quieres que se reconozcan tus méritos, considera los méritos de los demás.

—Proverbio oriental

Si no hubiera habido censura de prensa en Roma no tuviéramos hoy a Horacio y a Juvenal, ni tampoco los escritos filosóficos de Cicerón.

—Voltaire

Aquellos cuya conducta es de dudosa ortografía son los primeros en censurar.

—Moliére

La censura ha perdido a todos aquellos a quien quiso servir.

—Chateaubriand

Todo libro que ha sido echado a la hoguera ilumina al mundo.

—Emerson

No juzguéis, para que no seáis juzgados.

—Biblia - Mateo 7:1

Si un hombre acepta los aplausos de la gente cuando hace algo bueno, debe aceptar los silbidos cuando hace algo malo.

—Leopold Stokowski

La verdad adelgaza y no quiebra, y siempre nada sobre la mentira como el aceite sobre el agua.

—Cervantes

Errar es humano, perdonar es divino.

—Pope

Las parodias y las caricaturas son las más drásticas censuras.

—Aldous Leonard Huxley

Trata de no censurar, porque todos somos pecadores.

—Shakespeare

Cuando te aplauda un millón de personas, pregúntate a ti mismo lo malo que has hecho; cuando te censuren, investiga lo que has hecho de bueno.

—Charles C. Colton

La censura es indulgente con los cuervos, pero no da cuartel a las palomas.

—Juvenal

CIRCUNSTANCIAS

No te dejes pisar, aunque la fortuna te derribe.

—Quintiliano

Yo soy yo y mis circunstancias.

—José Ortega y Gasset

El hombre no es el creador de las circunstancias, más bien las circunstancias crean al hombre.

—Disraeli

Porque veo al final de mi rudo camino
que yo fui el arquitecto de mi propio destino...

—Amado Nervo

La circunstancia es el arma más grande de la coincidencia.

—Haddon Chambers

Las circunstancias son los velos de los altares.

—Haliburton

Las circunstancias de los demás nos parecen buenas, y las nuestras son buenas para los demás.

—*Syrus*

Dad lo que es de César a César; y lo que es de Dios a Dios.

—*Biblia* - Marcos *12:17*

A todo Julio César le llega su Bruto.

—*R. Escandón*

CIUDAD

Esta pobre ciudad de un solo caballo.

—*Mark Twain*

Si usted no quiere conocer a nadie y que nadie lo conozca, viva en la ciudad.

—*Colton*

Dios hizo el campo, y el hombre la ciudad.

—*Cowper*

Las ciudades obligan al crecimiento, y hacen que el hombre sea chistoso y hablador, pero todo es artificial.

—*Emerson*

La gente es la ciudad.

—*Shakespeare*

Roma no fue construida en un día.

—*Anónimo*

Vosotros sois la luz del mundo: una ciudad asentada sobre un monte no se puede esconder.

—*Biblia* - Mateo *5:14*

Los campos y los árboles nada me enseñan, pero los hombres de la ciudad sí.

—*Sócrates*

El campo es lírico, la ciudad es dramática. Cuando se juntan forman el drama más perfecto.

—*Richard Hovey*

CIVILIZACION

La civilización existe con el consentimiento geológico: sujeta a cualquier cambio sin previo aviso.

—*Will Durant*

La gasolina es el incienso de la civilización.

—*Ramón Gómez de la Serna*

Pasarán muchos y multiplicarase la ciencia.

—*Biblia* - Daniel 12:4

La civilización representa a una sociedad basada en la opinión de los ciudadanos. Significa que la violencia, el gobierno de guerreros y tiranos, que las condiciones en el campo de batalla y los cuartelazos y revoluciones sean controlados por las leyes del parlamento que las formula.

—*Winston Churchill*

La civilización es un progreso de una indefinida, incoherente homogeneidad hacia una definida, coherente heterogeneidad.

—*Herbert Spencer*

Las naciones, tal como los individuos, viven y mueren; pero la civilización permanece para siempre.

—*Mazzini*

Parece como si la civilización se ocupase más del refinamiento de los vicios que del perfeccionamiento de la virtud.

—Thiaudiere

La civilización es un movimiento y no una condición, un viaje y no un puerto.

—Arnold Toynbee

El camino de la civilización está pavimentado con latas vacías.

—Elbert Hubbard

Una buena medida de la civilización se halla en la influencia de las buenas mujeres.

—Emerson

La palabra es civilización en sí. La palabra, por más contradictoria que sea, preserva el contacto; el silencio lo aísla.

—Thoman Mann

COBARDIA

Pasó con su madre. ¡Qué rara belleza!
¡Qué rubios cabellos de trigo garzul!
¡Qué ritmo en el paso! ¡Qué innata realeza
de porte! ¡Qué formas bajo el fino tul! . . .
Pasó con su madre. Volvió la cabeza:
¡Me clavó muy honda su mirada azul!
Quedé como en éxtasis . . .

     con febril premura

¡síguela! gritaron cuerpo y alma al par.
. . . pero tuve miedo de amar con locura
de abrir mis heridas que suelen sangrar
y no obstante toda mi sed de ternura
cerrando los ojos la dejé pasar.

—Amado Nervo

El que se encuentra en peligro piensa con las piernas.

—*Bierce*

Sólo merecen vivir los que no tienen miedo de morir.

—*MacArthur*

¿Un acto cobarde? Tengan la seguridad que no tendría miedo de cometerlo si fuera para mi provecho.

—*Napoleón*

Aquel que pelea y se escapa
puede luchar otra etapa
y el que muere en la batalla
por siempre su vida calla.

—*Goldsmith*

Sólo los cobardes son
valientes con sus mujeres.

—*José Hernández*

Un perro cobarde ladra más de lo que muerde.

—*Quintus Curtius Rufus*

Si es cobarde
será razón que se guarde
dél valiente y el fiel,
porque siempre el que es cobarde
es traidor, y así es cruel.

—*Antonio Mira de Amezcua*

Es mejor que digan: ¡Aquí huyó! que ¡Aquí calló!

—*Dicho popular*

COMERCIO

No hay otra tontería más perniciosa que haya inventado el hombre que los tratados comerciales.

—*Disraeli*

El comercio es el igualador de las riquezas en las naciones.

—*Gladstone*

El comercio une al mundo en una común hermandad de dependencia mutua y de intereses recíprocos.

—*James A. Garfield*

COMPENSACION

Echa tu pan sobre las aguas; que después de muchos días lo hallarás.

—*Biblia* - Eclesiastés *11:1*

Dan vuestras amantes penas
a sus libertades alas
y después de hacerlas malas
las queréis hallar muy buenas.

—*Sor Juana Inés de la Cruz*

Si el pobre nunca puede tener carne, el rico no la puede digerir.

—*Henry Giles*

Siempre es amanecer en alguna parte del mundo.

—*Richard Hengest Horne*

Las espinas más agudas a menudo producen suaves rosas.

—*Ovidio*

Nada es completamente puro en el mundo. Todas las ventajas provienen de las desventajas. Una compensación universal prevalece en todas las condiciones de la existencia humana y en todas las cosas del mundo.

—*Hume*

En todo el mundo, en el maravilloso balance de belleza y disgusto, se encuentran cosas malas y buenas.

—Emerson

No os engañéis: Dios no puede ser burlado: que todo lo que el hombre sembrare, eso también segará.

—Biblia - Gálatas 6:7

COMUNISMO

La teoría del comunismo se puede reducir a una oración: Abolir toda propiedad privada.

—Karl Marx

El comunismo es una ideología política que no se puede asimilar. Todo movimiento progresista no puede alcanzar su cometido si no excluye al comunismo.

—Harold L. Ickes

Mas todas las cosas les eran comunes.

—Biblia - Hechos 4:32

Tomad de todos de acuerdo con sus habilidades y dadle a todos de acuerdo con sus necesidades.

—Louis Blanc

El comunista es un socialista en una violenta rapidez.

—G. W. Gough

El comunismo es la explotación del fuerte por el débil. En el comunismo la desigualdad se forma al poner lo mediocre al lado de lo excelente.

—Froudhon

COMPORTAMIENTO

Compórtate como si nada hubiera pasado, no importa lo que haya pasado.

—*Arnold Bennett*

En las noches de luna llena, el ángel de la guarda toma notas en taquigrafía.

—*Anónimo*

Confía en los hombres y ellos serán veraces contigo; trátalos amablemente y ellos lo serán· contigo.

—*Emerson*

La compostura del hombre es la fachada del alma.

—*Gracián*

Cualquier desatino vale lo que cuesta.

—*George Ade*

Por sus frutos los conoceréis.

—*Biblia* - Mateo *7:16*

Casi todo lo absurdo de nuestra conducta es el resultado de la imitación que hacemos a aquellas personas con las cuales no nos podemos semejar.

—*Samuel Johnson*

Sé presto al oír, despacioso al hablar, y lento para enojarte.

—*Anónimo*

La integridad del hombre se mide por su conducta, no por sus profesiones.

—*Junius*

La conducta representa las tres cuartas partes de nuestra vida, y nuestra mayor preocupación.

—*Matthew Arnold*

Si nosotros dejamos de pensar y conducirnos como corresponde, esto deberá justamente atribuirse, no a la pequeñez de la patria, sino a nosotros mismos.

—Plutarco

De tu ventana a la mía
me tiraste un limón;
el limón cayó en el suelo,
y el agrio en el corazón.

—Anónimo

Vive como si Cristo hubiera muerto ayer, resucitado hoy, y estuviera próximo a venir mañana.

—Anónimo

Me porté como quien soy.
Como un gitano legítimo.
Le regalé un costurero
grande, de raso pajizo . . .

—Federico García Lorca

La nobleza del plebeyo consiste en no avergonzarse del nombre de su padre.

—Lamartine

CONCIENCIA

La conciencia es para muchos hombres una anticipación de la opinión de otros.

—Henry Taylor

Los oídos no pueden escuchar ni la lengua puede describir las torturas de ese infierno interior.

—Byron

Muchos son los buenos, si se da crédito a los testigos: pocos, si se toma declaración de su conciencia.

—Quevedo

Esa vocecita que se llama conciencia.

—*Anónimo*

Conócete a ti mismo.

—*Proverbio griego*

La palabra refleja nuestra vida interior; revela, por decirlo así, la intimidad de nuestra conciencia: es parte de nosotros mismos que sigue las vicisitudes de nuestro espíritu; y es vigorosa y noble cuando hay vigor y nobleza en nuestras almas, y es inexpresiva y grosera cuando traduce la tosquedad, la pobreza de ideas y sentimientos.

—*Sanza y Escartín*

La conciencia es la presencia de Dios en el hombre.

—*Víctor Hugo*

La conciencia es la única cosa incorruptible que tenemos.

—*Fielding*

No hay almohada más blanda que una buena conciencia.

—*Proverbio francés*

...Y tras el fuego un silbo apacible y delicado.

—*Biblia - 1* Reyes *19:12*

La buena conciencia es tan alegre, que hace alegres a todas las molestias de la vida.

—*Fray Luis de Granada*

La conciencia es un santuario sagrado donde sólo Dios puede entrar como juez.

—*Lamennais*

No le temo a mi propio corazón como al papa y a todos los cardenales. Tengo dentro de mí a mi propio papa.

—*Martín Lutero*

Grave es el peso de la propia conciencia.

—Cicerón

La conciencia nos hace cobardes.

—Shakespeare

La blasfemia contra el Espíritu no será perdonada a los hombres.

—Biblia - Mateo 12:31

CONFESION

La confesión abierta es provechosa para el alma.

—Proverbio escocés

Confesar una falta libremente es el próximo paso a la inocencia.

—Syrus

CONFIDENCIA

La sociedad se establece en la confidencia.

—South

La confidencia que tenemos en nosotros mismos produce la confianza en otros.

—La Rochefoucauld

Sé cortés con todos, pero íntimo con pocos; y prueba muy bien aquellas intimidades antes de entregarles tu completa confianza.

—Washington

CONQUISTA

Es fácil conquistar al que piensa que está conquistado.

—Virgilio

Vine, Vi, Vencí.

—Julio César

Mas en todas estas cosas vencemos por medio de aquél que nos amó.

—Biblia - Romanos *8:37*

Busca otros reinos, hijo mío, que el que poseo es pequeño para ti.

—Filipo, rey de Macedonia

¡Mirad cómo vienen los conquistadores!
¡Tocad las trompetas, tocad los tambores!

—Thomas Morel

Aquél que sobrepasa o subyuga a la humanidad debe mirar el odio que tienen los oprimidos.

—Byron

Regocijarse en la conquista es regocijarse en el crimen.

—Lao-Tsze

La conquista propia es la más grande de las victorias.

—Platón

¡Es más digno de los lauros
que los potros que galopan en los cánticos triunfales
con que Píndaro celebra las olímpicas disputas
entre el vuelo de los carros y las fugas de los aires!

—José Santos Chocano

¡Ya viene el cortejo!
¡Ya viene el cortejo! Ya se oyen los claros clarines.
La espada se anuncia con vivo reflejo.

—*Rubén Darío*

CONSEJOS

Los consejos son como la nieve: cuando más suave cae, más dura
en el suelo, y más se profundiza en la conciencia.

—*Samuel T. Coleridge*

El que no escucha consejo no llega a viejo.

—*Dicho popular*

Consejo sin remedio es cuerpo sin alma.

—*Mateo Alemán*

Nunca aconsejes en público.

—*Proverbio árabe*

Nunca aconsejes si no te lo piden.

—*Proverbio alemán*

Cualquier consejo que des, procura que sea breve.

—*Horacio*

Para ser recto el consejo,
es necesario que sea
no de aquel que yo quisiere,
sino de aquel que me quiera.

—*Francisco de Rojas Zorrilla*

A veces damos consejos, pero no enseñamos con nuestra conducta.

—*La Rochefoucauld*

Nunca aconsejes a nadie que vaya a la guerra o que se case.

—*Proverbio español*

Muchos escuchan consejos, sólo los entendidos sacan provecho de ellos.

—*Syrus*

¿Qué aconsejáis vosotros que respondamos a este pueblo, que me ha hablado, diciendo: Alivia algo del yugo que tu padre puso sobre nosotros?

—*Biblia - 2* Crónicas *10:9*

Aconseja a tus amigos privadamente, pero alábalos en público.

—*Syrus*

A los viejos les gusta dar consejos, para consolarse ellos mismos, ya que no están en posición de dar mal ejemplo.

—*La Rochefoucauld*

Un poeta me dijo: "Cuidado con la vida...
porque en ella sufrirás hambre, sed y dolor..."
Pero él ignoraba que en mi sangre encendida
ardían los divinos carbones del amor.

—*Pedro Mario Delheye*

¡Qué bien damos consejos y razones
lejos de los peligros y ocasiones!

—*Ercilla*

La Sagrada Escritura, fuente manantial de consejos saludables al género humano.

—*Antonio Pérez*

Aunque las mujeres no somos buenas para el consejo, algunas veces acertamos.

—*Santa Teresa de Jesús*

CONTENTAMIENTO

El contentamiento es la humareda de la invención.

—*Ambrosio Bierce*

Lo que podemos hacer cuando cae la lluvia, es dejarla caer.

—*Longfellow*

Empero grande granjería' es la piedad del contentamiento.

—*Biblia - 1* Timoteo 6:6

> Juzgo que estoy muy medrado
> sólo en haber alcanzado
> a contentarme con poco.

—*Miguel Moreno*

Goza de la vida sin compararla con la de los otros.

—*Condorcet*

Yo gano lo que me como, consigo lo que me pongo, no le debo a nadie nada, no envidio la felicidad de otro; me contento con el bienestar ajeno, y me complace lo que tengo.

—*Shakespeare*

Recibe buen pago el que está satisfecho.

—*Shakespeare*

El hombre no debe permanecer en absoluto contentamiento.

—*Southey*

Cuando no tenemos lo que queremos, debemos contentarnos con lo que tenemos.

—*Bussy-Rabutin*

Si me contento con poco, lo suficiente será un festín.

—*Isaac Bickerstaffe*

¡Quién tuviera la dicha
de los claveles,
pa' vivir en el seno
de las mujeres!

—*Anónimo*

Yo soy de parecer que el pobre debe contentarse con lo que
hallare, y no pedir cotufas en el golfo.

—*Cervantes*

Mi gratitud sepa, pues,
a quien la vida he debido,
porque el ser agradecido
la obligación mayor es
para el hombre bien nacido.

—*Duque de Rivas*

Confórmate con tu suerte,
es el secreto de la dicha.

—*Esopo*

CONVERSACION

Hay tantas cosas buenas en nuestras impurezas y tantas cosas
malas en nuestras imperfecciones, que sería mejor no hablar
de nosotros mismos.

—*Robert Louis Stevenson*

La mayoría de nuestros infortunios se pueden soportar más
que los comentarios de nuestros amigos.

—*C. C. Colton*

Dos personas pueden hablar y una oír, pero tres individuos no
pueden entablar una conversación, por más humilde que sea.

—*Emerson*

La mejor manera de resolver los problemas es discutiéndolos
con libertad.

—*Thomas B. Macaulay*

Hay muchos que sólo saben lo que otra gente dice.

—*Will Carleton*

Los que tienen poco negocio que atender son buenos charlatanes; los intelectuales y los ocupados hablan menos.

—*Montesquieu*

Porque de la abundancia del corazón habla la boca.

—*Biblia - Lucas 6:45*

Hablar mucho es señal de vanidad; porque el fecundo en palabras es escaso en acción.

—*Sir Walter Raleigh*

Entre más estrecha la mente, más grande la boca.

—*Ted Cook*

Muchos cansan a la gente con largos sermones; la facultad del
oído es una cosa sensible: muy pronto se sacia y al poco
tiempo cansa.

—*Martín Lutero*

La prosperidad sobresale en el que escucha, y no en el que
habla.

—*Shakespeare*

Los charlatanes, con seguridad, son malos trabajadores. Se necesita más la mano que la lengua.

—*Shakespeare*

Para hacer un discurso inmortal no hay que hacerlo duradero.

—*Leslie Hore-Belisha*

Una conversación con un hombre inteligente es más provechosa
que el estudio de muchos libros.

—*Longfellow*

Todos los días debiéramos preocuparnos por escuchar buena música, leer hermosos poemas, extasiarnos en lindas pinturas, y hablar palabras razonables.

—Goethe

Habla, para que yo te vea.

—Séneca

El debate es masculino; la conversación es femenina.

—Alcott

Muchas palabras no dan prueba del hombre sabio, porque el sabio no ha de hablar sino cuando la necesidad demanda, y las palabras han de ser medidas y correspondientes a la necesidad.

—Tales de Mileto

No trates de sostener a alguien por la manga para que te escuche; si la gente no quiere prestarle atención a tus palabras, detén tu lengua y no a la gente.

—Lord Chesterfield

Todo home se debe mucho guardar en su palabra, de manera que sea acertada e pensada antes que la diga; ca después que sale de la boca, no puede home facer que non sea dicha.

—Alfonso X, el Sabio

El silencio es una de las artes más grandes de la conversación.

—Hazlitt

En la lengua consisten los mayores daños de la vida humana.

—Cervantes

Entre menos piensa el hombre, más habla.

—Montesquieu

La manía de hablar siempre y sobre toda clase de asuntos es una prueba de ignorancia y de mala educación, y uno de los grandes azotes del trato humano.

—Epicuro

Es curioso comentar, que habla más el que sabe menos.

—Prior

Yo me he arrepentido muchas veces de haber hablado; de haber callado, nunca.

—Xenócrates

Sus palabras salían de su boca más dulces que la miel.

—Homero

La conversación es el índice de la mente.

—Séneca

Si pudieras realizar que los peces pequeños hablaran, entonces hablarían como ballenas.

—Goldsmith

La noble conversación es hija del discurso, madre del saber, desahogo del alma, comercio de los corazones, vínculo de la amistad, pasto del contento y ocupación de personas.

—Gracián

CORRUPCION

Cuando es más corrupto el estado, hay más leyes.

—Tácito

Por un puñado de plata nos dejó,
por una triste medalla nos abandonó.

—Browning

En el partido principal, ya sea en el pueblo, o en el ejército, o en la nobleza, lo que pienses que es más útil y consecuente para mantener tu dignidad, sin importar lo corrupto que sea, trata de hacerlo de buen humor, ignorando a aquellos que te critican, sabiendo que en ese caso la honestidad y la virtud son perniciosas.

—*Maquiavelo*

Porque no dejarás mi alma en el sepulcro; ni permitirás que tu santo vea corrupción.

—*Biblia* - Salmos *16:10*

CORTESIA

La cortesía es una cualidad muy buena, si está controlada por el sentido común.

—*Sydney Smith*

La cortesía es como la flor de la hortensia o como el sabor de los más airosos peces de colores, aquellos que parecen pájaros escapados de un grabado japonés, un bellísimo fraude, un fraude que reluce tan estérilmente como los cielos estrellados.

—*Camilo José Cela*

Los pequeños actos de cortesía endulzan la vida; los grandes la ennoblecen.

—*Bovee*

La vida no es demasiada corta como para no poner en práctica las reglas de la cortesía.

—*Emerson*

La cortesía no cuesta nada y gana mucho.

—*Mary Worthley Montagu*

Pesa lo justo un copo
para inclinar a tierra
la hoja del gladiolo.

—Basho

Sed todos de un mismo corazón, compasivos, amándoos frater-
nalmente, misericordiosos amigables.

—Biblia - 1 Pedro *3:8*

COSTUMBRES

El hombre es un animal de costumbres.

—Anónimo

No hay otra tiranía como la costumbre, tampoco hay otra libertad donde los edictos no sean soportados.

—C. N. Bovee

La costumbre antigua tiene la fuerza de la ley.

—Máxima legal

La costumbre es la ley de los tontos.

—Vanbrugh

Con la costumbre casi se forma otra naturaleza.

—Cicerón

Empero vosotros tenéis costumbre, que os suelte uno en la
Pascua: ¿queréis, pues, que os suelte al Rey de los Judíos?

—Biblia - Juan *18:39*

Las costumbres pueden llegar a cambiar la naturaleza.

—Shakespeare

La costumbre concilia el amor.

—*Lucrecio*

Aprender no es otra cosa que acordarse.

—*Sócrates*

Aun entre los demonios hay unos peores que otros, y entre muchos malos hombres suele haber alguno bueno.

—*Cervantes*

Entre más digas, menos escuchará la gente. En pocas palabras hay gran provecho.

—*Fenelón*

Haz que las buenas acciones se hagan costumbre en tu vida.

—*R. Escandón*

La virtud y la costumbre
en el corazón pelean
y el corazón agoniza
en tanto que lidian ellas.

—*Sor Juana Inés de la Cruz*

CREDITO

En Dios confiamos; y que los otros paguen en efectivo.

—*Proverbio norteamericano*

El que ha perdido su crédito ha muerto para el mundo.

—*Herbert*

El crédito de ningún hombre es tan bueno como su dinero.

—*E. W. Howe*

Toma el efectivo, y deja que el crédito se vaya.

—*Omar Khayyám*

No fío, ni presto, ni doy; porque si fío pierdo lo que es mío; si presto, al cobrar me hacen gesto; y si doy, pierdo lo de hoy; y para evitar todo esto: ni fío, ni presto, ni doy.

—*Proverbio latinoamericano que aparece en muchas tiendas*

CRISTO

En todo el dolor que desgarra el corazón, el Varón de los Dolores tiene su parte.

—*Michael Bruce*

Jesucristo es el mismo ayer, y hoy, y por los siglos.

—*Biblia* - Hebreos *13:8*

. . . Salió, como relámpago imprevisto,
a impulso de los hálitos eternos,
esta sola palabra: JESUCRISTO.

—*Guillermo Valencia*

Las zorras tienen cavernas, y las aves del cielo nidos; mas el Hijo del hombre no tiene dónde reclinar la cabeza.

—*Biblia* - Mateo *8:20*

Los sabios y los héroes de la historia están desapareciendo de nosotros; y la historia relata menos los incidentes cada día. Pero el tiempo y la distancia no tienen poder sobre el nombre, los hechos y las palabras de Cristo Jesús.

—*Channing*

Toda su gloria y belleza es interna; y allí El se deleita en permanecer, sus visitas son frecuentes, sus conversaciones son dulces, su sostén es refrescante; y la paz de su espíritu supera todo entendimiento.

—*Thomas A. Kempis*

Tú me has conquistado, ¡Oh Cristo!

—Atribuido a Julián el Apóstata

Los tres más grandes majaderos del mundo han sido: Jesucristo, Don Quijote y yo.

—Simón Bolívar

Alejandro, César, Carlomagno y yo hemos fundado imperios; pero ¿de dónde han surgido las creaciones de nuestro genio? De la fuerza. Jesús solo fundó su imperio en el amor; y hasta hoy muchas personas morirían por El.

—Napoleón

Si la vida y la muerte de Sócrates reflejan la dignidad de un sabio, la vida y muerte de Jesús serían la inspiración de un Dios.

—Rousseau

Toda la historia es incomprensible sin Cristo.

—Renán

He aquí el hombre.

—Biblia - Juan 19:5

En un monte bien distante
sin murallas ni recodos,
murió Cristo en mustia cruz,
para salvación de todos.

—Cecil Frances Alexander

CRITICA

Cuando apuntas con el dedo, recuerda que otros tres dedos te señalan a ti.

—Proverbio inglés

La crítica es fácil, y el arte difícil.

—Destouches

Prefiero que me silben por un buen verso, que me aplaudan por uno malo.

—Víctor Hugo

Los críticos son los hombres que han fracasado en la literatura y en las artes.

—Disraeli

De la misma manera que un ladrón asalta un banco cuando se halla desesperado, lo mismo hace el autor fracasado cuando se convierte en crítico.

—Shelly

Aun el león se defiende de las moscas.

—Proverbio alemán

Aquel que es muy poco inteligente
a su propio hermano le clava el diente.

—Edward Young

Un buen crítico es aquel que narra las aventuras de su propia alma entre las obras maestras.

—Anatole France

Es difícil decir si el delirio de grandeza
se muestra al criticar las obras de belleza.

—Pope

Los revisores son aquellos que hubieran podido ser poetas, historiadores, ensayistas y escritores, si hubieran tenido el talento; y como han fracasado en todo, se metieron a críticos.

—S. T. Coleridge

Las críticas que aullas en el viento,
la estricnina que llevan tus maletas
te la devolverán con escarmiento:
¡No te metas, amigo, no te metas!

—*Pablo Neruda*

El criticismo desinteresado es un empeño altruista para aprender y propagar lo mejor que se conoce en las letras y en el pensamiento de los hombres.

—*Matthew Arnold*

¿Tú quién eres que juzgas al siervo ajeno?

—*Biblia* - Romanos *14:4*

La caldera le dijo a la sartén: "Apártate de mí, cara sucia".

—*Cervantes*

Podéis recorrer el mundo entero y no encontraréis una estatua a la memoria de un crítico.

—*Sibelius*

CULTURA

La cultura, entre nosotros, nos trae dolor de cabeza.

—*Emerson*

Cultura es lo que el carnicero tuviera si fuera cirujano.

—*Mary Pettibone Poole*

Los jóvenes son como las plantas: por los primeros frutos se ve lo que podemos esperar para el porvenir.

—*Demócrates*

Cultura es "saber lo mejor que se ha pensado y dicho".

—*Matthew Arnold*

Instruye al niño en su carrera: aun cuando fuere viejo no se apartará de ella.

—*Biblia* - Proverbios *22:6*

Lo cierto es que la creencia de esto que llaman ahora cursi está en el exagerado temor de parecerlo.

—*Juan Valera*

El andar tierras y comunicar con diversas gentes hace a los hombres discretos.

—*Cervantes*

Hay la misma diferencia entre un sabio y un ignorante, que entre un hombre vivo y un cadáver.

—*Aristóteles*

Rinde culto a la cultura y llegarás a ser culto.

—*Anónimo*

CURIOSIDAD

La curiosidad mató al gato.

—*Proverbio americano*

No me hagas preguntas para que no te diga mentirillas.

—*Goldsmith*

La curiosidad es una de las más permanentes y seguras características de una vigorosa inteligencia.

—*Samuel Johnson*

El mundo está lleno de curiosidades.

—*R. Escandón*

El mundo del curioso es a veces chistoso.

—*Anónimo*

DEBER

El deber de cada súbdito pertenece al rey, menos su conciencia.

—*Shakespeare*

El deber más importante de aquellos que aspiran tomar parte en el teatro de la vida se encuentra en la lealtad de sus convicciones.

—*E. H. Chapin*

La responsabilidad es como una cuerda estirada. Sólo se le ve el medio, porque sus puntas se pierden en la distancia.

—*William McFee*

> Para hacer yo lo que debo
> sólo a lo que debo miro;
> ni a otros efectos aspiro,
> ni de otras causas me muevo.

—*Juan Ruiz de Alarcón*

Ninguna consideración personal se debe interponer en la realización de un deber público.

—*Ulysses S. Grant*

Inglaterra espera que cada hombre cumpla con su deber.

—*Nelson*

> Nunca hay que maldecir
> ni tampoco preguntar;
> el deber hay que aprontar
> aunque tenga que morir.

—*Tennyson*

El fin de todo discurso oído es éste: teme a Dios, y guarda sus mandamientos; porque esto es el todo del hombre.

—*Biblia* - Eclesiastés *12:13*

El monarca reina, pero no gobierna.

—*Bismarck*

Derechos iguales para todos, privilegios especiales para ninguno.

—*Jefferson*

Promete poco y cumple mucho.

—*Demófilo*

Me acosté y soñé que la vida era belleza, cuando me desperté me di cuenta que la vida es un deber.

—*Ellen S. Hooper*

DEMAGOGIA

En toda época de la historia el más vil espécimen de la naturaleza humana se encuentra entre los demagogos.

—*Macaulay*

Los demagogos y los agitadores son las personas menos placenteras.

—*Disraeli*

El oportunista que no sirve para nada siempre hechiza a la chusma.

—*Eurípides*

Si se quiere hacer patria hay que acabar con los demagogos.

—*Anónimo*

DEMOCRACIA

En resumen, sólo con escandalosas excepciones, la democracia le ha dado al obrero más dignidad que nunca.

—*Sinclair Lewis*

El socialismo termina en la esclavitud.

—*Herbert Spencer*

El gobierno no es una razón, tampoco es elocuencia, es fuerza. Opera como el fuego; es un sirviente peligroso y un amo temible; en ningún momento se debe permitir que manos irresponsables lo controlen.

—*George Washington*

La dictadura es como una aria; y nunca llega a ser ópera.

—*Emil Ludwig*

El único derecho legítimo para gobernar es dándole la oportunidad a los gobernados.

—*W. H. Harrison*

La democracia es la sospecha conocida: más de la mitad de la gente tiene la razón la mayoría de las veces.

—*E. B. White*

La ventaja de la democracia sobre las demás formas de gobierno es que hay en la democracia una casta interesada en sofocar el pensamiento para que no se la discuta.

—*Ramiro de Maeztu*

Odiar a la gente es como quemar la casa para acabar con una rata.

—*Harry Emerson Fosdick*

Esas opiniones monstruosas... esas enseñanzas venenosas.

—*León XIII, papa*

El mundo alcanzará la seguridad por medio de la democracia.

—*Woodrow Wilson*

La democracia es el gobierno de la gente, por la gente, para la gente.

—*Abraham Lincoln*

El socialismo es un camino sin fin, y nadie sabe hasta dónde se debe caminar.

—Gamal Abdel Nasser

La democracia no significa: "Soy tan bueno como tú". Sino "Tú eres tan bueno como yo".

—Theodore Parker

Todos los males de la democracia se pueden curar con más democracia.

—Alfred E. Smith

A pesar de tener la democracia su organización y control, su fuerza vital radica en la libertad del individuo.

—Charles Evans Hughes

DEPORTES

No dediques mucho tiempo a los deportes; porque mientras refrescan al hombre preocupado hacen preocupar a los hombres frescos.

—Thomas Fuller

¿No sabéis que los que corren en el estadio, todos a la verdad corren, mas uno alcanza el premio? Corred de tal manera que lo obtengáis.

—Biblia - 1 Corintios 9:24

El deporte es el esperanto de todas las razas.

—Jean Giraudoux

Cuando juego con mi gata, ¿quién sabe si ella no me hace más deportista a mí que yo a ella?

—Montaigne

Si todos los días fueran fiestas deportivas, entonces el deporte sería tan aburrido como el trabajo.

—Shakespeare

Yo todavía no puedo entender por qué el matar codornices es un deporte altruista, mientras que matar ratas es tan depravado.

—T. H. Huxley

Cuando un hombre quiere matar un tigre se llama deporte; cuando un tigre quiere matar a un hombre se llama ferocidad.

—G. B. Shaw

DESEOS

Es más fácil evadir el primer deseo que satisfacer los que vienen después.

—Franklin

Hay dos tragedias en la vida. Una es no alcanzar el deseo de nuestro corazón. Y la otra es alcanzarlo.

—G. B. Shaw

Nuestros deseos siempre se aumentan con nuestras posesiones. El conocimiento de que hay algo todavía que nos pueda satisfacer, no se puede comparar con el gozo de las cosas que tenemos por delante.

—Samuel Johnson

Aquel que nada desea siempre será libre.

—E. R. Lefebvre Laboulaye

El deseo de la polilla de alcanzar la estrella, de la noche que se convierta en mañana; la devoción de algo distante y fabuloso, nos puede llevar de la alegría a la tristeza.

—Shelly

¡Ay de mí! que he venido a ser como cuando han cogido los
frutos del verano, como cuando han rebuscado después de
la vendimia; que no quedaba racimo por comer; mi alma
deseó primeros frutos.

—*Biblia* - Miqueas *7:1*

DESHONESTIDAD

Se dice que los ladrones respetan la propiedad. Sólo desean que
la ajena se convierta en propia para respetarla mejor.

—*G. K. Chesterton*

Robar es encontrarse las cosas antes que al dueño se le pierdan.

—*El Quijote de Avellaneda*

No hay contra el desleal seguro puerto,
ni enemigo mayor que el encubierto.

—*Ercilla*

No robes al pobre, porque es pobre, ni quebrantes en las puertas
al desvalido.

—*Biblia* - Proverbios *22:22*

Quien se deleita en defraudar al prójimo,
no se ha de lamentar si otro le engaña.

—*Petrarca*

Parece que los gitanos y gitanas solamente nacieron en el mundo para ser ladrones.

—*Cervantes*

Espero tener siempre suficiente firmeza y virtud para conservar
lo que considero que es el más envidiable de todos los títulos: el carácter de Hombre Honrado.

—*George Washington*

Es mejor tener una cara fea que una mente deshonesta.

—*James Ellis*

La mentira que es casi verdad es peor que todas las mentiras.

—*Tennyson*

Moneda que está en la mano
quizá se deba guardar;
la monedita del alma
se pierde si no se da.

—*Antonio Machado*

El que se roba mi cartera, roba basura.

—*Shakespeare*

No codicioso de torpes ganancias.

—*Biblia - 1* Timoteo 3:3

Perdona por Dios...
que otra gitana se llevó las llaves
de mi corazón.

—*Manuel Machado*

El laborioso gana su vida; el perezoso la roba.

—*Focilides*

En el tiempo de bárbaras naciones,
colgaban de las cruces los ladrones;
pero ahora, en el siglo de las luces,
del pecho del ladrón cuelgan las cruces.

—*Hugo Fóscolo*

DESTINO

El anhelo de alcanzar reposo y seguridad es la ambición de
muchos. Pero la seguridad, por lo general, es una ilusión;
y el reposo no es el destino del hombre.

—*Oliver W. Holmes*

El destino se abre sus rutas.

> —*Virgilio*

Todos somos instrumentos del cielo. Nuestro trabajo no es un designio sino un destino.

> —*Owen Meredith*

Todo hombre encontrará su Waterloo algún día.

> —*Wendell Phillips*

Ningún hombre nacido de mujer, valiente o cobarde, puede escaparse de su destino.

> —*Homero*

¡Qué carga tan insufrible
es el ambiente vital,
para el mezquino mortal
que nace en signo terrible!

> —*Duque de Rivas*

Esta generación de norteamericanos ha de enfrentarse algún día con su destino.

> —*Franklin D. Roosevelt*

DIFERIR

La única diferencia entre los santos y los pecadores es que los santos tuvieron su pasado, y los pecadores tienen su futuro.

> —*Oscar Wilde*

Lo diferido, medio perdido.

> —*Corneille*

La superioridad de algunos hombres es meramente local. Son grandes porque sus asociados son pequeños.

> —*Samuel Johnson*

Los hombres, mayormente, son como los cielos y la tierra; pero las mujeres, entre otras cosas, son como los cielos y el infierno.

—*Tennyson*

Yo conocí a un labrador
que, celebrando mi gloria,
al borrico de la noria
le llamaba Campoamor.

—*Campoamor*

Si Francia puede tener un Quijote, tiene que asemejarse más a Tartarín que al Ingenioso Hidalgo.

—*Emilia Pardo Bazán*

DINERO

Poderoso caballero es don Dinero.

—*Quevedo*

Porque escudo es la ciencia y escudo es el dinero.

—*Biblia* - Eclesiastés *7:12*

El dinero es buen siervo, pero mal maestro.

—*Bacon*

El dinero hace al hombre.

—*Aristodemus*

Un tonto y su dinero se separan muy pronto.

—*George Buchanan*

El dinero responde a todo.

—*Biblia* - Eclesiastés *10:19*

Si quieres saber el valor del dinero, trata de conseguirlo prestado.

—Franklin

No puedo perder mi tiempo haciendo dinero.

—Agassiz

Si quieres saber lo que Dios piensa del dinero, mira a la gente que se lo ha dado.

—Anónimo

El dinero es miel, mi hijo querido,
y el chiste del rico siempre es divertido.

—T. E. Brown

Entradas anuales: 20 libras; gastos al año: 19.60, resultado: felicidad. Entrada anual: 20 libras; gastos al año 20.60, resultado: miseria.

—Charles Dickens

El dinero es como un brazo o una pierna —o se usa o se pierde.

—Henry Ford

No pongas tu interés en el dinero, pero pon tu dinero al interés.

—O. W. Holmes

Porque el amor del dinero es la raíz de todos los males.

—Biblia - Timoteo *6:10*

Cuando se trata de dinero todos son de la misma religión.

—Voltaire

Que digan todo lo que quieran los sabios, pero es el dinero lo que hace al hombre.

—William Somerville

¡Oh, mundo triste con todas sus flaquezas!
pero se mira hermoso con múltiples riquezas.

—Shakespeare

El capital es el dinero... el trabajo es conseguirlo.

—Anónimo

Gran renta es la economía.

—Cicerón

No hay pobre que no sea rico
si lo que tiene le basta.

—Barros

La fortuna es como un vestido: muy holgado nos embaraza,
y muy estrecho nos oprime.

—Horacio

DIOS

Dios ayuda a los que se ayudan.

—Anónimo

El hombre propone y Dios dispone.

—Ariosto

¡Dios está en el cielo, no te preocupes mundo!

—Robert Browning

Témele al hombre que teme a Dios.

—Abd-el-Kader

En los ojos de una bella
hay más de un misterio; hay dos:
el dulce misterio de ella,
y el gran misterio de Dios.

—Amado Nervo

Cuando hables de Dios o de sus atributos, hazlo con toda seriedad y reverencia.

—*George Washington*

Dios ha concedido al hombre este privilegio, a la vez su gloria y su martirio, de ser el único ser viviente y material que puede concebir la perfección. Pero en tanto que la conciba se verá obligado a decir, cuando mire hacia fuera con ojos imparciales: "Este mundo es un valle de lágrimas", y cuando mire hacia adentro: "Yo, pecador".

—*Ramiro de Maeztu*

Cada uno, en forma pequeña, es la imagen de Dios.

—*Manilius*

Un Dios honesto es la más grande obra del hombre.

—*Ingersoll*

Los cielos cuentan la gloria de Dios, y la expansión denuncia la obra de sus manos.

—*Biblia* - Salmos *19:1*

Si no hubiera Dios, sería menester inventar uno.

—*Voltaire*

Roca de la eternidad,
sé mi escondedero fiel.

—*Augustus Toplady*

Si Dios con nosotros, ¿quién contra nosotros?

—*Biblia* - Romanos *8:31*

Castillo fuerte es nuestro Dios.

—*Martín Lutero*

No hay otro Dios sino Dios.

—*Corán*

Dios es verdad y luz en la sombra.

—*Platón*

Dios está en el océano lo mismo que en la tierra.

—*James T. Fields*

Dijo el necio en su corazón: No hay Dios.

—*Biblia* - Salmos *53:1*

> A Dios, el Padre celestial;
> al Hijo, nuestro Redentor;
> al eternal Consolador,
> unidos, todos alabad. Amén.

—*Thomas Ken*

DIRIGENTE

La mejor manera para que sobresalga un dirigente es cuando el pueblo apenas se da cuenta que existe.

—*Witter Byneer*

Guiarme por sendas de justicia por amor de su nombre.

—*Biblia* - Salmos *23:3*

Cuando pensamos que estamos dirigiendo nos están dirigiendo a nosotros.

—*Byron*

Un ejército de venados dirigidos por un león, sería mejor que un ejército de leones guiados por un venado.

—*Proverbio latino*

Y si el ciego guiare al ciego, ambos caerán en el hoyo.

—*Biblia* - Mateo *15:14*

Razonamiento y juicio son las mejores cualidades de un dirigente.

—Tácito

No será grande quien no tuviere grande tolerancia.

—J. E. Nieremberg

¿Quién es el hombre bueno? Aquel que obedece a sus padres y acata las leyes humanas y divinas.

—Horacio

Desdichado es el que por tal se tiene.

—Séneca

El hombre tiene en sus propias manos el molde de su fortuna.

—Bacon

DISCRECION

Discreción en la oratoria es más que elocuencia.

—Bacon

Una buena discreción no consiste en no cometer error sino en no volver a cometerlo.

—Bovee

Gran habilidad sin discreción, invariablemente tiene un fin trágico.

—Gambetta

Permita que su discreción sea su tutor: ajuste la acción a la palabra, y la palabra a la acción.

—Shakespeare

La mejor parte del valor es la discreción.

> —*Shakespeare*

Cuando tienes agarrado un elefante por la pata trasera, y éste trata de escaparse, es mejor que lo dejes evadirse.

> —*Abraham Lincoln*

Lo presente, producto de lo pasado, engendra a su vez lo futuro.

> —*Leibnitz*

Sed pues prudentes como serpientes, y sencillos como palomas.

> —*Biblia* - Mateo *10:16*

EDUCACION

Educar es adiestrar al hombre para hacer buen uso de su vida, para vivir bien; lo cual quiere decir que es adiestrarse para su propia felicidad.

> —*Antonio Maura*

Un ser no está completo hasta que no se educa.

> —*Horace Mann*

Educar es redimir.

> —*Anónimo*

Una libra de aprendizaje requiere unas diez libras de sentido común para aprovecharla.

> —*Proverbio persa*

El corazón de un sabio es como un espejo: refleja cada objeto sin empañarse.

> —*Confucio*

Añade el hombre conocimientos a conocimientos: nunca el saber es bastante. Si tanto es uno más hombre cuanto más sabe, el más noble empleo será el aprender.

> —*Gracián*

Como el suelo, por más rico que sea, no puede dar fruto si no se cultiva. La mente sin cultivo tampoco puede producir.

—*Séneca*

Es difícil hacer que un saco vacío se pare derecho.

—*Benjamín Franklin*

Todos los hombres, durante el curso de tantos siglos, pueden considerarse como un solo hombre que subsiste siempre y que siempre está aprendiendo.

—*Pascal*

La educación ha logrado que muchísimas personas aprendan a leer, pero es incapaz de señalar lo que vale la pena leerse.

—*George Macaulsy Travelyan*

El principio de la sabiduría es el temor a Jehová.

—*Biblia* - Proverbios *1:7*

La educación es una cosa admirable, pero es menester recordar de vez en cuando, que ninguna cosa valiosa para el conocimiento se puede enseñar.

—*Wilde*

La educación permite que a la gente se le pueda dirigir con facilidad, pero no se le puede obligar; la gente educada es fácil de gobernar, pero difícil de esclavizar.

—*Lord Brougham*

¿Qué otro regalo más grande y mejor se le puede ofrecer a la República que la educación de nuestros jóvenes?

—*Cicerón*

Lo que se enseña en las escuelas y universidades no es educación, sino los medios de educación.

—*Emerson*

EGOISMO

La fuerza del egoísmo es tan inevitable, y tan bien calculada como la fuerza de la gravedad.

—Hailliard

Aquél que vive para sí, vive para el mortal más mezquino del mundo.

—Joaquín Miller

La misma gente que es capaz de negar todo lo de los demás, se distingue porque quieren todo para ellos mismos.

—Leigh Hunt

El egoísmo es la única forma real del ateísmo; la noble aspiración y el desinterés constituyen la mejor religión del mundo.

—Zangwill

Muchos aplican la ley del embudo: "Todo para mí".

—Anónimo

Reteniéndola, ¿no se te quedaba a ti? y vendida, ¿no estaba en tu potestad? ¿Por qué pusiste esto en tu corazón? No has mentido a los hombres sino a Dios.

—Biblia - Hechos 5:4

El más diminuto dolor en nuestro dedo pequeño nos preocupa más que la destrucción de millones de nuestros semejantes en el mundo entero.

—William Halitt

El primero y más importante fundamento de la virtud o de nuestro comportamiento en la vida, consiste en buscar nuestro propio beneficio.

—Espinoza

Aquella persona era como el gallo, porque pensaba que el sol salía para oírla cantar.

—George Eliot

> ¿A quién no asombra
> ver que la humanidad, cobarde o ciega,
> al éxito se rinde y se doblega?
>
> *—Núñez de Arce*

Mas buscad primeramente el reino de Dios y su justicia, y todas estas cosas os serán añadidas.

—Biblia - Mateo *6:33*

> Ten cuidado,
> cuando besas el pan...
> ¡Que te besas la mano!
>
> *—Juan Ramón Jiménez*

ENTUSIASMO

El mundo es del entusiasta que se mantiene sereno.

—William McFee

Una risa vale más que cien lamentos en cualquier parte del mundo.

—Charles Lamb

Cada producción de un genio constituye el producto de su entusiasmo.

—Benjamín Franklin

> Mi vida ya no es veleta
> que gira a todos los vientos.
> Es brújula firme y quieta,
> pastora de pensamientos.
>
> *—Gerardo Diego*

Nada hay más contagioso que el entusiasmo; mueve rocas, corrige las torpezas. El entusiasmo es el genio de la sinceridad, y la verdad no alcanzaría las victorias sin que este elemento lo acompañara.

—Burlwer-Lytton

Levántate, resplandece; que ha venido tu lumbre, y la gloria
de Jehová ha nacido sobre ti.

—*Biblia* - Isaías *60:1*

Nada grande ha sido conquistado alguna vez sin el entusiasmo.

—*Emerson*

El sentido de esta palabra entre los griegos corresponde a una
noble definición: entusiasta significa: "Dios con nosotros".

—*Madame de Staël*

ENVIDIA

El amor mira a través de un telescopio, mientras que la envidia
lo hace a través de un microscopio.

—*J. Billings*

Deja que los perdedores hablen, mientras los ganadores se ríen.

—*Thomas Fuller*

No hay otra pasión tan fuertemente arraigada en la conciencia
del hombre como la envidia.

—*Richard B. Sheridan*

Es cierto que al necio la ira lo mata, y al codicioso consume la
envidia.

—*Biblia* - Job *5:2*

Así como la polilla arruina la ropa, de la misma manera la envidia consume al hombre.

—*San Cristósiomo*

La gallina de nuestro vecino, la codiciamos como si fuera un
pavo, dice un proverbio oriental.

—*Madame Deluzy*

Es mejor ser envidiado que compadecido.

—*Herodoto*

Es una práctica de la multitud ladrarle a los grandes hombres, como lo hacen los perros con los extraños.

—*Séneca*

EPITAFIO

Perdonen mi polvo.

—*Dorothy Parker; su propio epitafio*

Que en paz descanse.

—*Orden de la misa*

Aquí descansa uno que escribió su nombre en el agua.

—*En la tumba de Keats*

Una tumba es ahora suficiente para aquel que el mundo entero no le era suficiente.

—*Epitafio en la bóveda de Alejandro*

La vida es un juego, vividla por fe,
antes lo pensaba, y ahora lo sé.

—*Gay. - Mi propio epitafio*

¡Oh, hombre! Cualquiera que seas y de dondequiera que vengas, acércate y contempla la tumba de Ciro, el fundador del imperio persa; mas no envidies la escasa tierra que cubre mi cuerpo.

—*Epitafio de Ciro*

ERROR

Tropezar dos veces en la misma roca es una desgracia proverbial.

—*Cicerón*

Errar es humano, perdonar es divino.

—*Pope*

Los cautelosos muy poco se equivocan.

—*Confucio*

Un error reconocido es una victoria ganada.

—*Caroline L. Gascoigne*

Cuando todos están equivocados, todos tienen la razón.

—*La Chaussee*

El hombre que no comete errores, hace muy poco en la vida.

—*Edward J. Phelps*

El error entrará por la ranura, mientras que la verdad por la puerta.

—*H. W. Shaw*

Los errores, como las briznas, se pierden en el mundo;
si quieres buscar perlas tienes que ir muy profundo.

—*Dryden*

El error es la fuerza que une a los hombres; la verdad se le comunica a los hombres por medio de las acciones verdaderas.

—*León Tolstoi*

No hay peor error que el no reconocerlo.

—*R. Escandón*

Nosotros somos de Dios: el que conoce a Dios, nos oye: el que no es de Dios, no nos oye. Por esto conocemos el espíritu de verdad y el espíritu de error.

—*Biblia - 1* Juan *4:6*

ÉXITO

Es mejor llegar a ser que haber nacido siendo.

—*Marco Fidel Suárez*

El estudio de tus errores no te revelará el secreto del éxito, pero el estudio de la abnegación y el esfuerzo sí lo hará.

—*Bernard Holdane*

La clave del éxito depende sólo de lo que podamos hacer de la mejor manera posible.

—*H. W. Longfellow*

Es de esperarse que cada uno ocupe su puesto como si fuera el más provechoso.

—*Franklin*

El éxito en la vida consiste en seguir siempre adelante.

—*Samuel Johnson*

Mira que te mando que te esfuerces y seas valiente: no temas ni desmayes, porque Jehová tu Dios será siempre contigo en donde quiera que fueres.

—*Biblia* - Josué *1:9*

El éxito es más dulce a aquellas personas que nunca antes lo habían disfrutado.

—*Emily Dickinson*

Prefiero perder en una causa que algún día ganaré, que ganar en una que algún día perderé.

—*Woodrow Wilson*

> . . . Mas no vos ensoberbezcan
> los triunfos que heis alcanzado,
> que es la jactancia un borrón
> que borra fechos muy claros.

—*El Cid*

Las mentes prósperas trabajan como una barrena de mano, a un mismo punto.

—*Bovee*

Nada tiene más éxito que el éxito.

—*Dumas, hijo*

Siempre he observado que para triunfar en la vida hay que ser entendido, pero aparecer como tonto.

—*Montesquieu*

Subir montañas encrespadas requiere pequeños pasos al comienzo.

—*Shakespeare*

O no intentas, o lo haces.

—*Ovidio*

¡Eureka! ¡Eureka! ¡Lo he hallado! ¡Lo he hallado!

—*Arquímedes*

Ni es de los ligeros la carrera, ni la guerra de los fuertes.

—*Biblia* - Eclesiastés *9:11*

El éxito es el único juez terrenal de lo recto y lo equivocado.

—*Adolf Hitler*

EXPERIENCIA

Parece que la experiencia es la única cosa valiosa que está ampliamente distribuida.

—*William Feather*

Para muchas personas, la experiencia es como los rayos de luz que salen de una embarcación: sólo alumbran el sendero por donde pasan.

—*Samuel T. Coleridge*

Conocerás por experiencia lo salado del pan ajeno, y cuán triste es subir y bajar las escaleras en un piso ajeno.

—*Dante*

La experiencia es una gran escuela, donde los fatuos no asisten.

—*Franklin*

La experiencia es el mejor de los maestros, sólo que la matrícula es muy pesada.

—*Carlyle*

El que tiene rabo de paja no se arrima nunca al fuego.

—*Anónimo*

El niño que ha sido quemado le tiene miedo al fuego.

—*Proverbio inglés*

La experiencia es el extracto del sufrimiento.

—*Arthur Helps*

Sólo tengo una lámpara que guía mis pisadas, es la lámpara de la experiencia.

—*Patrick Henry*

Una espina de experiencia vale más que un bosque de advertencia.

—*Lowell*

Experiencia es el nombre que los hombres le dan a sus desatinos o a sus tristezas.

—*Alfred de Musset*

Los hombres son inteligentes, no en proporción a su experiencia, sino en proporción a la capacidad de su experiencia

—*G. B. Shaw*

¿Hay alguien tan inteligente que aprenda de la experiencia de los demás?

—*Voltaire*

¡Triste "hoy" que anhela el "mañana"
para trocarlo en "ayer"!

—*P. A. de Alarcón*

Aquel que todo lo aplaza, no dejará nada concluido ni perfecto.

—*Demócrates*

Causa es de perder lo seguro ir en busca de lo incierto.

—*Plauto*

FAMA

Me desperté una mañana y me encontré famoso.

—*Byron*

Cría fama y échate a dormir.

—*Dicho popular*

Casi siempre la fama llega demasiado tarde.

—*Camoens*

Si no quieres que la gente se olvide de ti apenas te mueras, escribe algo que valga la pena leerse o valga la pena escribirse.

—*Franklin*

Los hombres tienen buen concepto de aquellos que surgen rápidamente en el mundo; nada se levanta más rápido que el polvo, las briznas y las plumas.

—*Hare*

La fama es el perfume de los hechos heróicos.

—*Sócrates*

La fama no es sino el aliento de la gente, y a veces insalubre.

—*Rousseau*

¡Qué cosa más pesada es llevar un nombre que se ha vuelto famoso!

—*Voltaire*

La fama verdadera y permanente no se puede encontrar sino en lo que promueve la felicidad de la humanidad.

—*Charles Summer*

De más estima es la buena fama que las muchas riquezas.

—*Biblia* - Proverbios *22:1*

FAMILIA

Los mejores momentos de mi vida han sido aquellos que he disfrutado en mi hogar en el seno de mi familia.

—*Jefferson*

Hay menos problemas en controlar una familia que gobernar un reino.

—*Montaigne*

Sólo las mulas niegan su familia.

—*Proverbio árabe*

La familia es más sagrada que el estado.

—*Pío XI, papa*

Todas las familias felices se parecen entre sí; las infelices son desgraciadas en su propia manera.

—*Tolstoi*

Aquel que tiene mujer e hijos ha amparado a la fortuna; porque son impedimentos a las grandes empresas, ya sea a la virtud o a la desgracia.

—Bacon

La familia es un núcleo sagrado.

—León Edel

FE

La fe es la continuación de la razón.

—William Adams

Fe es creer en lo que no se ve; y la recompensa es ver lo que uno cree.

—San Agustín

Es pues la fe la substancia de las cosas que se esperan, la demostración de las cosas que no se ven.

—Biblia - Hebreos *11:1*

Todo lo que he vito me enseña que debo confiar en el Creador a quien no he visto.

—Emerson

Tengamos fe que la razón es poderosa; y con esa fe, avancemos hasta el fin, haciendo la parte que nos toca, siguiendo siempre la verdad.

—Lincoln

Aquí me encuentro. No puedo hacerlo de otra manera. ¡Ayúdame, Dios mío! Amén.

—Lutero

Hay más fe en una duda honesta que en la mitad de un credo.

—Tennyson

Fe es la fuerza de la vida.

—*Tolstoi*

Yo no puedo creer en nada, aunque sea increíble.

—*Wilde*

Esa fe absurda, esa fe sin sombra de incertidumbre, esa fe de estúpidos carboneros, se une a la incredulidad absurda, a la incredulidad sin sombra de incertidumbre, a la incredulidad de los intelectuales atacados de estupidez efectiva, para no pensar en ello.

—*Unamuno*

Una tras otra, como las hojas del árbol, toda mi fe me ha abandonado.

—*Sara Teasdale*

La fe sin obras es muerta.

—*Biblia* - Santiago 2:20

La razón por la cual los pájaros vuelan y nosotros no podemos hacerlo, simplemente se debe a aque ellos tienen perfecta fe, porque la fe es como tener alas.

—*J. M. Barrie*

Porque por fe andamos, no por vista.

—*Biblia* - 2 Corintios 5:7

Si el mundo te traiciona, ten fe, amigo, ten fe en Dios.

—*H. M. S. Richards*

El que no desea la fe no será creyente.

—*A. Palacios Valdés*

FELICIDAD

¡Una vida llena de felicidad! Nadie podría soportarla, porque sería un infierno en la tierra.

—*G. B. Shaw*

La felicidad es gratitud por el presente, gozo del pasado, y fe en el futuro.

—*Proverbio inglés*

Si buscáis la felicidad con espíritu egoísta, nunca la encontraréis; si la buscais como un deber, entonces te seguirá como la sombra cuando el día declina.

—*Tryon Edwards*

No sabemos nada del mañana; nuestra preocupación es la de hacer lo mejor que podamos y contentarnos con el presente.

—*Sydney Smith*

Sólo el hombre obstaculiza la felicidad, destruyendo lo que en realidad pudiera ser.

—*John Dryden*

Si la felicidad llega o no llega debemos estar listos a recibirla.

—*George Eliot*

El hombre debe considerar siempre lo que tiene antes de lo que quiere; la infelicidad viene cuando la realidad no llega.

—*Joseph Addison*

Aquel que medita alcanza la felicidad, y no por una hora sino por toda la vida.

—*Isaac Taylor*

La felicidad no es perfecta hasta que no se comparte.

—*Jane Porter*

Nunca somos tan felices, ni tan infelices como pensamos.

—La Rochefoucauld

¿Cuál es la felicidad que no tiene algo de pena?

—Margaret Oliphant

He aprendido a buscar mi felicidad limitando mis deseos, en vez de satisfacerlos.

—John Stuart Mill

La felicidad radica, primero que nada, en la salud.

—George William Curtis

Muchos hablan de la felicidad, muy pocos la conocen.

—Madame Jeanne P. Roland

El hombre es el artífice de su propia felicidad.

—Thoreau

¡Cuán amargo es mirar la felicidad a través de los ojos de otra persona!

—Shakespeare

FORTUNA

Unos nacen con estrellas y otros nacen estrellados.

—Dicho popular

La fortuna lo hizo tonto, mientras que a ella la volvió hermosa.

—Bacon

Es la fortuna, no la sabiduría, la que gobierna la vida del hombre.

—Cicerón

La fortuna, en verdad, ayuda a aquellos que tienen buen juicio.

—Eurípides

La fortuna que se hace en un momento se parece a las camisas improvisadas, que no concuerdan las mangas.

—Douglas Jerrold

Las heces amargas de la fortuna se pierden en el desaguadero.

—Homero

La fortuna favorece a los valientes.

—Virgilio

La fortuna no parece tan ciega a aquellas personas que nunca han recibido sus favores.

—La Rochefoucauld

Los hombres que han llegado a hacerse célebres y que han influido poderosamente en los destinos de su país, han sido todos grandes trabajadores.

—Samuel Smiles

La fortuna no importuna.

—Anónimo

La fortuna a muchos da demasiado, a nadie lo suficiente.

—Marcial

Cada cual es artífice de su propia fortuna.

—Appio Claudio Ciego

FRACASO

Hay beneficios prácticos al cometerse algunos fracasos en la mocedad.

—Thomas H. Huxley

Al que trata, y fracasa, y muere; yo le doy honor, y gloria, y lágrimas.

—Joaquín Miller

El fracaso es más frecuente entre aquellos que anhelan energía, que entre los que aspiran tener capital.

—Daniel Webster

¡Cómo han caído los valientes en medio de la batalla!

—Biblia - 2 Samuel 1:25

Salieron a la batalla, pero siempre fracasaron.

—James Macpherson

Yo entono el himno de los conquistados, aquellos que han caído en la batalla de la vida.

—W. W. Story

Lo mismo da triunfar que hacer gloriosa la derrota.

—Ramón de Valle Inclán

GENIO

No hay un gran genio sin mezcla de locura.

—Aristóteles

El genio es sólo una gran paciencia.

—Buffon

Genio es uno por ciento de inspiración y noventa y nueve por ciento de transpiración.

—Edison

El genio hace lo que puede, y el talento hace lo que quiere.

—Bulwer-Lytton

El genio es un ajustamiento promontorio del infinito.

—Víctor Hugo

La lámpara del genio se extingue más rápido que la lámpara de la vida.

—Schiller

El genio sobrevive; todo lo demás muere.

—Spenser

Hacer algo fácilmente mientras que a otros les parece difícil es talento; hacer algo imposible por talento es genio.

—Amiel

Los regalos, tal como el genio, a menudo pienso que son los medios para probar nuestras infinitas penas.

—Jane E. Hopkins

No tengo otra cosa que declarar que mi genio.

—Wilde

Cuando un genio aparece en el mundo se reconoce por esta señal: todos los estúpidos se confederan para atacarlo.

—Swift

GLORIA

La verdadera gloria echa raíces y se expande; los vanos pretendimientos caen al suelo como las flores. Lo falso no dura mucho.

—Cicerón

Los caminos de la gloria sólo llevan al sepulcro.

—Gray

Mis ojos han visto la venida de gloria de nuestro Señor.

—*Julia Ward Howe*

¡Cuán rápido pasa la gloria del mundo!

—*Thomas A. Kempis*

Una hora completa de gloriosa vida, vale más que una vida sin nombre.

—*Scott*

Gloria en las alturas a Dios, y en la tierra, paz y buena voluntad para con los hombres.

—*Biblia* - Lucas *2:14*

Otra es la gloria del sol, y otra la gloria de la luna, y otra la gloria de las estrellas.

—*Biblia* - *1* Corintios *15:41*

GOBIERNO

¡El estado soy yo!

—*Luis XIV*

Probablemente sea Bolivia la nación más inestable del mundo. Ha tenido 175 revoluciones desde su independencia en el año 1820; se asegura que ha habido 180 cambios de gobierno en los últimos 126 años.

—*John Gunther (1970)*

Ningún hombre es demasiado bueno para gobernar a otro sin su consentimiento.

—*A. Lincoln*

Nadie es capaz de hacerle frente a un trabajo si no se siente competente; sin embargo, muchos piensan que son capaces de controlar el más difícil de los trabajos —el gobierno.

—*Sócrates*

Temístocles dijo: "Los atenienses gobiernan a los griegos: yo gobierno a los atenienses, mi mujer me gobierna a mí; y tu hijo te gobierna a ti".

—*Plutarco*

La clave de un buen gobierno se basa en la honestidad.

—*Jefferson*

El trono es un pedazo de madera cubierta de terciopelo.

—*Napoleón*

Una vez había dos hermanos: uno se fue a surcar los mares y el otro se convirtió en el vice-presidente de la república; y nunca más se volvió a escuchar nada de ellos.

—*Thomas R. Marshall*

El gobierno, en la mejor condición, es un mal necesario; y en la peor es insoportable.

—*Thomas Paine*

No es la forma de gobierno lo que constituye la felicidad de una nación, sino las virtudes de los jefes y de los magistrados.

—*Aristóteles*

A menudo nos avergonzarían nuestras grandes acciones si el mundo se diera cuenta de los motivos que las produjeron.

—*La Rouchefoucauld*

Aunque la gente soporte al gobierno, el gobierno no debe soportar a la gente.

—*Cleveland*

Yo creo que tenemos más maquinaria en el gobierno de lo que necesitamos; muchos parásitos viven del trabajo de los industriosos.

—*Jefferson*

Al trono lo ilumina un rayo poderoso que puede fulminar a los hombres.

—Tennyson

¡Triste suerte la del Gobierno, que nadie acusa en público, porque todos acusan en secreto!

—López de Ayala

GRACIA

El lo hace con mejor gracia, pero yo lo hago más natural.

—Shakespeare

Una externa y visible señal de una interna y espiritual gracia.

—Libro de Oración Común

Ahí, por la gracia de Dios, va John Bradford.

—John Bradford

Cuando el pecado creció, sobrepujó la gracia.

—Biblia - Romanos 5:20

GRANDEZA

Los grandes son grandes porque nosotros estamos de rodillas. ¡Levantémonos!

—Proudhon

Voto a Dios que me espanta esta grandeza
y que diera un doblón por describilla;
porque ¿a quién no sorprende y maravilla
esta máquina insigne, esta riqueza?

—Cervantes

No le tengáis miedo a la grandeza; algunos nacen grandes, otros adquieren la grandeza, y a algunos se les confía esta virtud.

—*Shakespeare*

Prefiero yacer en un pequeño rincón del cementerio, que en las tumbas de los Capuletos.

—*Burke*

Todos los grandes hombres provienen de la clase media.

—*Emerson*

Ningún gran hombre ha alcanzado su grandeza por medio de la imitación.

—*Samuel Johnson*

Es la prerrogativa de los grandes hombres tener sólo grandes defectos.

—*La Rochefoucauld*

Los grandes son grandes sólo porque los llevamos en hombros; cuando los tiremos caerán avergonzados al suelo.

—*Montandre*

Mientras más nos relacionamos con los grandes hombres nos damos cuenta que sólo son hombres. Rara vez son grandes ante sus propios sirvientes.

—*La Bruyere*

Vanidad de vanidades; hay muchos sabios que son débiles y muchos grandes que son pequeños.

—*Trackery*

GRATITUD

Entrometerse en el desatino del hombre es siempre una faena muy ingrata.

—*Rudyard Kipling*

La ofrenda más aceptable por Dios mismo, proviene de un corazón agradecido y lleno de alegría.

—*Plutarco*

Más peligroso que colmillo de serpiente es el hijo o la hija desagradecida.

—*Shakespeare*

Yo me quejaba que no tenía zapatos hasta que me encontré con alguien que no tenía pies.

—*Proverbio inglés*

> Cuentan de un sabio que un día
> tan pobre y mísero estaba,
> que sólo se sustentaba
> de unas yerbas que comía.
> ¿Habrá otro —entre sí decía—
> más pobre y triste que yo?
> Y cuando el rostro volvió
> halló la respuesta, viendo
> que iba otro sabio cogiendo
> las hojas que él arrojó.

—*Calderón de la Barca*

La gratitud es la memoria del corazón.

—*Proverbio francés*

La gratitud de la mayoría de los hombres no es sino anhelo secreto de recibir mayores beneficios.

—*La Rochefoucauld*

Aquel que recibe un favor a tiempo nunca debe olvidarlo; y el que lo da nunca debe recordarlo.

—*Charrón*

La gratitud es un deber que debiera ser recompensado, pero que nadie debe esperar la remuneración.

—*Rousseau*

La gratitud es un sentido vivo de futuros favores.

—Robert Walpole

Andaré alrededor de tu altar... para exclamar con voz de acción de gracias, y contar todas tus maravillas.

—Biblia - Salmos *26:6,7*

Tan pordiosero que soy, y soy más pobre en dar gracias.

—Shakespeare

Alabad a Jehová, porque es bueno; porque para siempre es su misericordia.

—Biblia - Salmos *107:1*

GUERRA

Además de terminar la guerra debemos luchar hasta acabar con el comienzo de todas las guerras.

—Winston Churchill

Las guerras las ganan sólo los que confían en la victoria.

—T. W. Higginson

Aquellos que interceptan una contienda a menudo tienen que limpiarse la sangre de sus narices.

—John Gay

Ninguno que milita se embaraza en los negocios de la vida.

—Biblia - 2 Timoteo *2:4*

¡No pasarán!

—General Pétain

Guerra es la ciencia de la destrucción.

—John S. C. Abbott

La guerra no se puede establecer en bases del consentimiento.

—*Arquíloco*

Son más efectivas las balas certeras que los discursos agudos.

—*Bismarck*

¡Cuántos millones no murieron para que César obtuviera su grandeza!

—*Campbell*

Abandonaremos el fuerte cuando no quede otro hombre que lo defienda.

—*General Croghan*

Ninguna cosa despierta tanto los corazones de los hombres como el continuo ejercicio de las armas.

—*El abencerraje y la hermosa Jarifa*

La esencia de la guerra es violencia. La moderación en ella es imbecilidad.

—*Lord Fisher*

Nunca ha habido una buena guerra ni una mala paz.

—*Franklin*

Una sola persona puede comenzar una guerra, pero se necesitan por lo menos dos para firmar el armisticio.

—*Anónimo*

No es correcto jactarse de los muertos.

—*Homero*

La guerra es castigo tanto para el victorioso como para el vencido.

—*Jefferson*

La guerra es la más grande plaga que azota a la humanidad; destruye la religión, destruye naciones, destruye familias. Es el peor de los males.

—Martín Lutero

HABITO

El hábito es como un cable; nos vamos enredando en él cada día hasta que no nos podemos desatar.

—Horace Mann

El hábito, si no se resiste, al poco tiempo se vuelve una necesidad.

—San Agustín

Nada hay más fuerte que el hábito.

—Ovidio

¡Cómo se cría el hábito en el hombre!

—Shakespeare

El hábito es casi una segunda naturaleza.

—Cicerón

Las diminutas cadenas de los hábitos son generalmente demasiado pequeñas para sentirlas, hasta que llegan a ser demasiado fuertes para romperlas.

—Dr. Johnson

Prenderán al impío sus propias iniquidades, y detenido será con las cuerdas de su pecado.

—Biblia - Proverbios 5:22

La perfección de las costumbres consiste en vivir cada día como si fuera el último.

—Marco Aurelio

Los hábitos primero son telarañas, después son cables.

> —*Proverbio español*

La pérdida de nuestras fuerzas es debida más bien a los vicios de la juventud, que a los estragos de los años.

> —*Cicerón*

La zorra cambia su pellejo, pero no sus mañas.

> —*Suetonio*

Cada acción, cada pensamiento, cada sentimiento, contribuye a la educación de la índole de los hábitos y de la inteligencia, y ejerce una influencia ineludible sobre los actos de nuestra vida.

> —*Samuel Smiles*

¡Cuántas injusticias y maldades se cometen por mero hábito!

> —*Terencio*

Perseguirás la libertad en vano,
que cuando un pueblo la virtud olvida,
lleva en sus propios vicios su tirano.

> —*Núñez de Arce*

Y se vuelve siempre a los primeros amores.

> —*Etienne*

HAMBRE

El peor enemigo del hombre no es el hombre, sino el hambre.

> —*Proverbio chino*

El hambriento no razona, no le importa la justicia, ni escucha las oraciones.

> —*Séneca*

Un estómago vacío no es buen consejero político.

—*Albert Einstein*

Si vuestro enemigo tuviere hambre, dadle entonces de comer.

—*Proverbio*

Bienaventurados los que tienen hambre y sed de justicia: porque ellos serán hartos.

—*Biblia* - Mateo 5:6

Yond Cassius tiene una mirada de hambriento.

—*Shakespeare*

Con buena hambre no hay mal pan.

—*Dicho popular*

La mejor salsa para la comida es el hambre.

—*Sócrates*

HERENCIA

Es más fácil para un padre tener muchos hijos que para un hijo tener un buen padre.

—*Juan XXIII, papa*

Es importante tener buenos descendientes, pero la gloria pertenece a nuestros antepasados.

—*Plutarco*

Los nobles padres tienen nobles hijos.

—*Eurípides*

La mejor herencia que se le puede dejar a un hijo es un buen nombre.

—*Hamilton*

El único autógrafo digno de un hombre es el que deja escrito con sus obras.

—José Martí

Padre inteligente, hija inteligente; madre inteligente, hijo inteligente.

—Proverbio ruso

Sería mucho mejor para nuestros distinguidos antepasados alabarles con menos palabras y con más acciones nobles.

—Horace Mann

Tras un buen nombre debería haber algunas generaciones de honestidad, esfuerzo y veracidad.

—John P. Marquand

No puede el buen árbol llevar malos frutos, ni el árbol maleado llevar frutos buenos.

—Biblia - Mateo *7:18*

HEROE

Ningún hombre es héroe para su propio valet.

—Madame de Cornuel

Muchos héroes vivían antes que Agamennón.

—Horacio

Ningún hombre es héroe para su propia esposa; ninguna mujer es esposa para su propio héroe.

—Anónimo

El culto al heroísmo existe, ha existido y existirá para siempre en la conciencia de la humanidad.

—Carlyle

Todo héroe se aburre al final de su carrera.

—*Emerson*

> El dice la lucha, la herida venganza,
> las ásperas crines,
> los rudos penachos, la pica, la lanza,
> la sangre que riega de heróicos carmines
> la tierra;
> los negros mastines
> que azuza la muerte, que rige la guerra.

—*Rubén Darío*

Desde los días de Juan el Bautista hasta ahora, al reino de los cielos se hace fuerza, y los valientes lo arrebatan.

—*Biblia* - Mateo *12:11*

> No seas fatuo, llevando el ganado,
> ¡Sé un héroe desinteresado!

—*Longfellow*

El culto al heroísmo es más fuerte donde hay menos libertad de conciencia.

—*Herbert Spencer*

Lo cierto es que a todo héroe le apadrinan el Valor y la Fortuna, ejes ambos de toda heroicidad.

—*Gracián*

Pongamos nuestros ojos no en el héroe de un deporte inhumano, sino en el héroe por la ciencia, en el héroe por el progreso.

—*Azorín*

No es valor el no temer la muerte y desperdiciarla, sino el hacer frente a las grades desgracias, y no tumbarse en el suelo ni volver el pie atrás.

—*Séneca*

Más hermoso parece soldado muerto en batalla que sano en la huída.

—*Cervantes*

El ídolo de hoy arrincona al héroe de ayer, y a la vez lo reemplaza por el héroe de mañana.

—*Washington Irving*

Basta un instante para forjar un héroe, pero es preciso toda una vida para hacer un hombre de bien.

—*P. Brulat*

HISTORIA

Cuando se casan dos enamorados cesa el romance y comienza la historia.

—*Abbe de Rochebrune*

Con frecuencia he dicho que la ficción puede ser más provechosa que la misma historia.

—*John Foster*

Historia es algo que nunca sucedió; escrita por alguien que no estuvo allí.

—*Anónimo*

Un historiador es un profeta al revés.

—*José Ortega y Gasset*

La historia es una destilación del rumor.

—*Carlyle*

Los asesinatos nunca han cambiado la historia del mundo.

—*Disraeli*

La historia es en realidad el registro de crímenes, locuras y adversidades de la humanidad.

—Gibbon

¿No es la historia sino una fábula aceptada por muchos?

—Napoleón

Toda la historia es mentira.

—Robert Walpole

La historia humana es en esencia una historia de ideas.

—H. G. Wells

La historia es tontería.

—Henry Ford

La historia del mundo es el registro del hombre en busca del pan cotidiano.

—H. W. Von Loon

HOGAR

La casa de un hombre es su castillo.

—Edward Coke

Hogar es donde habita el corazón.

—Plinio

El hombre feliz es aquel, que siendo rey o campesino, encuentra paz en su hogar.

—Goethe

Para Adán el Paraíso era su hogar. Para muchos de sus descendientes, el hogar es su paraíso.

—Hare

No hay sitio bajo el cielo más dulce que el hogar.

—John Howard Payne

Un hombre recorre el mundo buscando lo que necesita y llega al hogar y lo encuentra.

—George Moore

HOMBRE

Uno y Dios forman la mayoría.

—Frederick Douglas

Los hombres, en general, no son sino niños grandes.

—Napoleón

Nunca me encontré con un hombre que no me gustara.

—Will Rogers

El hombre es la medida de todas las cosas.

—Protágoras

El hombre es una caña, la más débil de todas, pero una caña que piensa.

—Pascal

Pues le has hecho poco menor que los ángeles.

—Biblia - Salmos *8:5*

El hombre es una cuerda que conecta al animal con el super-hombre... Lo más grande es que es un puente y no un fin.

—Nietzsche

Los hombres no son sino niños en más grande escala.

—Dryden

Somos el milagro de los milagros, el gran inescrutable misterio de Dios.

—*Carlyle*

Cada hombre es un volumen, si sabemos cómo leerlo.

—*William E. Channing*

El hombre es un pedazo del universo hecho vida.

—*Emerson*

El hombre nacido de mujer, corto de días y harto de sinsabores.

—*Biblia* - Job *15:1*

Es más fácil conocer la humanidad en general que al hombre como individuo.

—*La Rochefoucauld*

El hombre es el muchacho malo del universo.

—*James Oppenheim*

El hombre es un animal sociable

—*Séneca*

¿Difiere el hombre de los otros animales? Sólo en la postura. Los otros caminan encorvados mientras que el hombre se mantiene rígido.

—*Filemón*

El hombre es el único animal que ríe y llora; porque él es el único que conoce la diferencia entre las cosas que son y las que debieran ser.

—*Hazlitt*

La inhumanidad del hombre hace que el mundo se mantenga de luto.

—*Burns*

El hombre es un péndulo entre la sonrisa y el llanto.

—*Byron*

HONESTIDAD

Sé un hombre honesto y habrá en el mundo un pícaro menos.

—*Carlyle*

La honestidad es la mejor póliza.

—*Anónimo*

Cuando los pícaros se van, los honestos salen.

—*Matthew Hale*

Ser honesto, tal como va el mundo, es escoger a un hombre entre diez mil.

—*Shakespeare*

> Como consulta la dama
> con el espejo su tez,
> ¿no consultará una vez
> con la honestidad su fama?

—*Luis de Góngora*

Andemos como de día, honestamente.

—*Biblia* - Romanos *13:13*

Espero tener siempre suficiente firmeza y virtud para conservar lo que considero que es el más envidiable de todos los títulos: el carácter de Hombre Honrado.

—*George Washington*

La honradez es siempre digna de elogio, aun cuando no reporte utilidad, ni recompensa, ni provecho.

—*Cicerón*

HONOR

Cuando se pierde la fe y el honor desaparece, entonces muere el hombre.

—John G. Whittier

La dignidad no consiste en nuestros honores sino en el reconocimiento de merecer lo que tenemos.

—Aristóteles

Un favor bien retribuido es tan maravilloso como el honor, para el que lo confiere y el que lo recibe.

—Richard Steele

No he merecido un honor tan grande, ni tanta injuria.

—Racine

Eres muchacho y no sientes las cosas de la honra, en que el día de hoy está todo el caudal de los hombres de bien.

—Lazarillo de Tormes

Bruto es un hombre honorable, y así son todos los demás hombres.

—Shakespeare

El honor y la vergüenza surgen sin condiciones; todo consiste en ocupar bien nuestro puesto para alcanzar la honra.

—Pope

HOSPITALIDAD

Es bueno cuando llega uno a un lugar y lo reciben con las mesas llenas y buena música.

—Hovey

Porque tuve hambre, y me disteis de comer; tuve sed, y me disteis de beber; fui huésped, y me recogísteis.

—*Biblia* - Mateo 25:35

Permítanme vivir en una casa a orillas del camino, para ser amigo de la humanidad.

—*Sam Walter Foss*

Hospedaos los unos a los otros sin murmuraciones.

—*Biblia* - *1* Pedro *4:9*

HUMANIDAD

Los negocios de la humanidad inspiran a los corazones de los hombres nobles de dos maneras: admiración o lástima.

—*Anatole France*

Nunca ha habido un gran hombre, o una institución famosa, que no haya recibido el reconocimiento de la humanidad.

—*Theodore Parker*

Nuestra humanidad sería una cosa deplorable si no existiera la divinidad dentro de nosotros.

—*Bacon*

Amo a mi país más que a mi familia; pero amo a la humanidad más que a mi país.

—*Fenelón*

Nuestra verdadera nacionalidad es la humana.

—*H. G. Wells*

Terminó la época de los caballeros andantes, y ha comenzado la era de la humanidad.

—*Charles Sumner*

No soy ateniense, ni griego, sino ciudadano del mundo.

—*Sócrates*

El mundo es mi país, la humanidad son mis hermanos, y hacer el bien, mi religión.

—*Thomas Paine*

Todo corazón humano es humano.

—*Longfellow*

Humanitario consiste en nunca sacrificar a un ser humano con nuestro propio egoísmo.

—*Albert Schweitzer*

Soy un hombre, y nada de lo humano me es indiferente.

—*Terence*

HUMILDAD

Después de las derrotas y las cruces, los hombres se vuelven más sabios y más humildes.

—*Franklin*

Imitemos en humildad a Cristo y a Sócrates.

—*Franklin*

Humildes somos, humildes hemos sido, y humildes seremos.

—*Dickens*

Estoy convencido que la primera prueba de un gran hombre consiste en la humildad.

—*John Ruskin*

Y a cualquiera que te cargare por una milla, ve con él dos.

—*Biblia* - Mateo 5:41

Yo vengo de todas partes,
y hacia todas partes voy:
arte soy entre las artes;
en los montes, monte soy.

—*José Martí*

HUMOR

El buen humor hace que todas las cosas sean tolerables.

—*Henry Ward Beecher*

El humor es un caos emocional que se recuerda con regocijo.

—*James Thurber*

El buen humor es una de las mejores prendas de vestir con las que puede cubrirse nuestra sociedad.

—*William P. Trackeray*

Cuando no sonreímos se nos acaba la existencia.

—*Sebastián R. Chamfort*

El humor es la única muralla entre nosotros y la oscuridad.

—*Mark Van Doren*

El humor es el resplandor de la mente.

—*Bulwer-Litton*

El buen humor es una combinación de bondad y sabiduría.

—*Owen Meredith*

Para tener buena salud y gozar de la vida, el mejor remedio es el humor. Sólo le sigue a la fe en la Divina Providencia.

—*C. B. Cheever*

IDEA

Una idea no es responsable de la persona que la piensa.

—*Don Marquis*

Hay más dinamita en una idea que en una bomba.

—*John H. Vincent*

El universo material existe sólo en la mente.

—*Jonathan Edwards*

Ningún ejército puede detener la fuerza de una idea cuando llega a tiempo.

—*Victor Hugo*

Era tan grande la idea, que resultó ser ideota.

—*R. Escandón*

Sólo las corrientes líquidas del pensamiento mueven al hombre y al mundo.

—*Wendell Phillips*

Una idea, para que sea sugestiva, debe llegarle al individuo con toda la fuerza de la revelación.

—*William James*

IGNORANCIA

No me da vergüenza confesar que soy ignorante de lo que no sé.

—*Cicerón*

La ignorancia nunca concilia un problema.

—*Disraeli*

La más poderosa arma de la ignorancia es el material impreso.

—*Tolstoi*

La mediocridad es excelente en los ojos de los mediocres.

—*Joubert*

Los de mentalidad reducida se parecen a las botellas: cuando menos tienen, más bulla hacen.

—*Pope*

Los sabios aprenden más de los tontos que los tontos de los sabios.

—*Catón*

Cínico es aquel que conoce el precio de lo eterno y el valor de la nada.

—*Wilde*

Los ignorantes son grandes charlatanes, y los entendidos hablan muy poco.

—*Rousseau*

Mas el que ignora, ignore.

—*Biblia - 1* Corintios *14:38*

Donde la ignorancia es una bendición, el desatino es sabiduría.

—*Gray*

Ser ignorante de la ignorancia ajena es la enfermedad del ignorante.

—*A. B. Alccot*

La ignorancia es degradante cuando la acompañan las riquezas.

—*Schopenhauer*

IMAGINACION

Si un hombre se imagina una cosa, otro la tornará en realidad.

—*Julio Verne*

La imaginación gobierna al mundo.

—*Napoleón*

La imaginación es el ojo del alma.

—*Joubert*

Ya estoy viejo y conozco muchos problemas; pero la mayoría de ellos no han sucedido.

—*Mark Twain*

La imaginación es más importante que el conocimiento.

—*Albert Einstein*

Aquel que tiene imaginación, pero carece de conocimientos, tiene alas, pero no tiene pies.

—*Joubert*

La raza humana está controlada por su imaginación.

—*Napoleón*

La imaginación dispone de todo; crea belleza, justicia, y felicidad, que es el todo del mundo.

—*Pascal*

IMITACION

La imitación es la forma más sincera de la alabanza.

—*Colton*

Es imposible imitar a Voltaire sin ser Voltaire.

—*Federico el Grande*

El que imita lo malo se sobrepasa, mas el que imita lo bueno siempre queda corto.

—*Guicciardini*

Una buena imitación es la más perfecta originalidad.

—*Voltaire*

La imitación es suicidio.

—*Emerson*

IMPOSIBLE

La palabra "imposible" no está en mi vocabulario.

—*Napoleón*

Nadie puede hacer que un cangrejo camine derecho.

—*Aristófanes*

Pocas cosas son imposibles a la diligencia y laboriosidad.

—*Samuel Johnson*

¡Que no escuche más esa palabra insensata!

—*Mirabeau*

Para el tímido y el pusilánime todo es imposible, porque así les parece.

—*Scott*

Las cosas imposibles no pueden obligar.

—*Celso*

INDEPENDENCIA

Prefiero sentarme en una calabaza, sabiendo que la puedo ocupar toda, que en un sofá lleno de gente.

—*Thoreau*

Por lo general hay más independencia en saber dirigir que en ser dirigido.

—Tryon Edwards

El progreso moral de los pueblos no puede comenzar hasta que no sean independientes.

—J. Artineau

Independencia grita el pueblo americano.

—Himno Nacional de Colombia

Viaja más rápido el que viaja solo.

—Kipling

El hombre más fuerte del mundo es aquel que se mantiene solo.

—Ibsen

INDIVIDUALIDAD

Una institución es una sombra larga que proyecta el hombre.

—Emerson

Cada individuo tiene un puesto que ocupar en el mundo, y es muy importante si lo ocupa o lo deja vacante.

—Hawthorne

El valor de un estado, al final de cuentas, es el valor de los individuos que lo componen.

—John Stuart Mill

Yo soy como soy, y no me parezco a nadie.

—Anónimo

INDUSTRIA

El pan que se gana con el sudor de la frente es más dulce y tres veces mejor que el insípido pan de la pereza.

—Crowquill

Todo lo que te viniere a la mano para hacer, hazlo según tus fuerzas.

—Biblia - Eclesiastés *9:10*

Cuando más hacemos, más podemos hacer; cuando estamos más ocupados es cuando tenemos más tiempo para divertirnos.

—Hazlitt

En el teatro de la vida del hombre, sólo se le reserva a Dios y a los ángeles el puesto de los espectadores.

—Pitágoras

INFLUENCIA

Soy parte de todo lo que conozco.

—Tennyson

Nuestras letras sois vosotros, escritas en nuestros corazones, sabidas y leídas de todos los hombres.

—Biblia - 2 Corintios *3:2*

Aun la más humilde de las personas ejerce alguna influencia, ora sea buena o mala, sobre los demás.

—Henry Ward Beecher

Una mujer recibe más influencia de lo que se imagina que de lo que le dicen.

—Ninon de L'Enclos

Si la nariz de Cleopatra hubiera sido más ñata, la cara del mundo habría cambiado.

—Pascal

Tu vida es como la de un libro, donde los hombres podrán leer cosas extrañas.

—Shakespeare

Tú eres mi guía, mi filósofo, y mi amigo.

—Pope

INGRATITUD

Muchas veces le mordemos la mano a aquellos que nos alimentan.

—Burke

Los brutos son ingratos con los hombres.

—Colton

La ingratitud es más fuerte que el arma del traidor.

—Shakespeare

¿Saben lo que es más duro que los reveses de la fortuna? La cruenta ingratitud del hombre.

—Napoleón

> Un hortelano de amor
> siembra una planta y se va:
> otro viene y la cultiva,
> ¿de cuál de los dos será?

—Anónimo

¿Y tú también, Bruto?

—Julio César

¿No son diez los que fueron limpios? ¿Y los nueve dónde están?

—*Biblia* - Lucas *17:17*

La ingratitud acaso se origine del no poder pagar el beneficio.

—*Balzac*

INJURIA

La injuria que hacemos y la que recibimos no se pesan en la misma balanza.

—*Esopo*

Recompensa la injuria con justicia, y la bondad con bondad.

—*Confucio*

Si la otra persona te injuria, quizá se te olvide; pero si tú injurias al otro, siempre te acordarás.

—*Kahlil Gibran*

No hay otro fantasma tan difícil de ahuyentar que el de la injuria.

—*Alexander Smith*

Es un principio de la naturaleza humana odiar a quienes nos han injuriado.

—*Tácito*

Si tengo la razón, nadie se acuerda; si estoy equivocado, nadie lo olvida.

—*Dicho*

INJUSTICIA

Cometer injusticia es más ignominioso que recibirla.

—*Platón*

Sólo hay una blasfemia, que es la injusticia.

—Ingersoll

La fama infame del famoso Atrida.

—Recuento

Las armas que fabriquemos, otros las usarán.

—Shelly

La injusticia nacional es el camino certero hacia el fracaso del gobierno.

—Gladstone

El registro lógico de las mujeres está empapado de lágrimas, y la justicia en la corte se ha vuelto pasión.

—Anónimo

Mas la senda de los justos es como la luz de la aurora, que va en aumento hasta que el día es perfecto.

—Biblia - Proverbios *4:18*

La sátira es desagradable a aquellos que la merecen.

—Thomas Shadwell

Abogado: ladrón con títulos académicos.

—Anónimo

Jamás cometí una injusticia a sabiendas.

—Felipe II

INMORTALIDAD

Lo que es humano es inmortal.

—Bulwer-Lytton

Me he estado muriendo por veinte años, ahora voy a vivir.

—Callimachus

La inmortalidad es el glorioso descubrimiento del cristianismo.
—William Ellery Channing

La vida es la niñez de nuestra inmortalidad.

—Goethe

Muy cerca del ocaso de mi vida, escucho las sinfonías inmortales de los mundos que me invitan. Es maravilloso, pero simple.

—Victor Hugo

La esperanza de la inmortalidad no proviene de ninguna religión, pero todas las religiones surgen de la esperanza.

—Ingersoll

Me gustaría creer en la inmortalidad —me gustaría vivir contigo para siempre.

—Keats

Y el polvo se torne a la tierra, como era, y el espíritu se vuelva a Dios que lo dio.

—Biblia - Eclesiastés *12:7*

Ninguno debe morir por la patria sin tener la esperanza de la inmortalidad.

—Cicerón

Cristo nunca pronunció palabra alguna asegurando la resurrección y la vida más allá de la tumba.

—Tolstoi

Si el hombre muriere, ¿volverá a vivir?

—Biblia - Job *14:14*

Más allá del valle de lágrimas hay vida eterna.

—*James Montgomery*

Anhelar la inmortalidad es como desear la perpetuidad eterna de un gran error.

—*Schopenhauer*

INOCENCIA

Es mejor que caigan diez culpables y no un inocente.

—*Blackstone*

Los que no conocen el mal no tienen sospechas.

—*Ben Johnson*

Mi fuerza es como la de diez porque mi corazón es puro.

—*Anónimo*

La inocencia no encuentra protección en la culpabilidad.

—*La Rochefoucauld*

INSPIRACION

Ningún hombre ha llegado a ser grande sin un toque de divina inspiración.

—*Cicerón*

Inspiración y genio son casi la misma cosa.

—*Víctor Hugo*

Denme una chispa del fuego de la naturaleza; eso es todo lo que deseo.

—*Burns*

> Yo, desde mi ventana
> que azotan los airados elementos,
> regocijada y pensativa escucho
> el discorde concierto
> simpático a mi alma ...

—*Rosalía de Castro*

Si se llevan mi inspiración me arrancan el corazón.

—*Anónimo*

INSULTO

Has añadido insulto a la injuria.

—*Phaedrus*

No mereces ni la honra de un insulto.

—*R. Escandón*

A menudo es mejor olvidarse de un insulto que vengarlo.

—*Séneca*

La mejor forma para recibir insultos es sometiéndose a ellos. Si el hombre respeta, será respetado.

—*Hazlitt*

> ¡Corazones hay tan yertos!
> ¡Almas hay que hieden tanto!
> Para verme con los muertos,
> ya no voy al camposanto.

—*Manuel González Prada*

"¡Qué sábana más dura!" (Era su losa).

—*Ramón Gómez de la Serna*

La ironía es un insulto lanzado bajo la forma de un cumplido.

—*Whipple*

Pues el insulto es razón
de quien la razón no tiene.

—Manuel Ossorio y Bernard

¿Rencores? ¡De qué sirven! ¡Qué logran los rencores!
Ni restañan heridas, ni corrigen el mal.

—Amado Nervo

INTELECTUALIDAD

El intelecto es invisible para el que no lo tiene.

—Schopenhauer

Aprender sin pensar es tiempo perdido; pensar sin aprender
es peligroso.

—Confucio

El sabio calla en los tiempos peligrosos.

—John Selden

El sabio de corazón es llamado entendido.

—Biblia - Proverbios *16:21*

Los días más felices son aquellos que nos hacen sabios.

—John Masefield

Si "saber poco es algo peligroso" ¿dónde pudiéramos encontrar
a un hombre que esté fuera de peligro?

—Thomas H. Huxley

Con los errores ajenos un sabio puede corregir los suyos.

—Syrus

El que se enorgullece de sus conocimientos es como si estuviera
ciego en plena luz.

—Franklin

Nunca se aprecia la sabiduría, aunque el artículo sea genuino.

—Horace Greeley

Porque en la mucha sabiduría hay mucha molestia; y quien añade ciencia, añade dolor.

—Biblia - Eclesiastés *1:18*

Es muy fácil ser sabio después del evento.

—Proverbio inglés

La sabiduría se halla sólo en la verdad.

—Goethe

El corazón es más sabio que el intelecto.

—Holland

En la juventud y en la belleza la sabiduría es escasa.

—Homero

Lo único que sé es que nada sé.

—Sócrates

Nueve décimas de nuestra sabiduría consiste en ser sabios a tiempo.

—Theodore Roosevelt

El pórtico del templo de la sabiduría es el conocimiento de nuestra propia ignorancia.

—Spurgeon

Porque mejor es la sabiduría que las piedras preciosas; y todas las cosas que se pueden desear, no son de comparar con ella.

—Biblia - Proverbios *8:11*

Es más fácil ser sabios con otros que con nosotros mismos.

—La Rochefoucauld

INTEMPERANCIA

La única vez que el licor hace a un hombre ir derecho es cuando llega a una curva del camino.

—*Anónimo*

La intemperancia es la nodriza de los médicos.

—*Schonheim*

Me he impuesto la regla de no fumar mientras duermo; no dejar de fumar mientras estoy despierto, y no fumar más de un puro a la vez.

—*Mark Twain*

INTENCION

Con la intención basta.

—*Dicho*

El infierno está empedrado de buenas intenciones.

—*Walter Scott*

No hay nada bueno ni malo si el pensamiento no lo hace tal.

—*Shakespeare*

IRA

La ira es como una locura breve.

—*Horacio*

Cuide su ira para mantenerla caliente.

—*Burns*

La blanda respuesta quita la ira.

—Biblia - Proverbios *15:1*

No os entreguéis por demasiado a la ira; una ira prolongada engendra odio.

—Ovidio

INVENCION

La necesidad es la madre de la invención.

—Susanna Centlivre

Muchas cosas se juzgan imposibles de hacer, antes de que estén hechas.

—Plinio

Dios hizo al hombre recto, mas ellos buscaron muchas invenciones.

—Biblia - Eclesiastés *7:29*

Es un profundo error creer que no hay nada por descubrir; equivale a tomar el horizonte por el límite del mundo.

—Lemierre

JUEZ

Que los jueces atiendan los asuntos de la ley, y el jurado que responda a los hechos.

—Máxima legal

La fría neutralidad de un juez imparcial.

—Burke

La autoridad tiene ladrones peligrosos, cuando los jueces roban entre ellos.

—Shakespeare

Cuatro cosas le pertenecen a los jueces: escuchar cortésmente, contestar sabiamente, considerar todo sobriamente, y decidir imparcialmente.

—Sócrates

Nadie puede ser mi juez, sino rey y reino juntos en cortes.

—Quevedo

Un juez recto, es un juez sabio.

—Shakespeare

JUICIO

Donde se puede expresar el juicio con inteligencia se halla el mejor orador.

—William Penn

Todos se quejan de su memoria, ninguno de su juicio.

—La Rochefoucauld

Las estadísticas no reemplazan el juicio.

—Henry Clay

Señales son del juicio
ver que todos le perdemos,
unos por carta de más
otros por carta de menos.

—Lope de Vega

Pesado has sido en la balanza, y fuiste hallado falto.

—Biblia - Daniel 5:27

JUSTICIA

No hay otra virtud más grande y divina que la justicia.

—Addison

La misericordia y la verdad se encontraron; la justicia y la paz se besaron.

—Biblia - Salmos *85:10*

Que se haga justicia aunque se desplomen los cielos.

—William Watson

Aquel que decide un caso sin escuchar la declaración del otro, aunque la decisión sea justa, no puede considerarse justo.

—Séneca

El molino de Dios trabaja despacio, pero seguro.

—George Herbert

Demorar la justicia es injusticia.

—Landor

JUSTO

No seas demasiado justo, ni seas sabio con exceso.

—Biblia - Eclesiastés *7:16*

Sólo las acciones del justo perfuman y adornan la sepultura.

—James Shirley

Nada me parece justo
en siendo contra mi gusto.

—Calderón de la Barca

Mas la senda de los justos es como la luz de la aurora, que va en aumento hasta que el día es perfecto.

—*Biblia* - Proverbios *4:18*

JUVENTUD

Cuando una persona le dice a otra que se ve muy joven, debe tener la certeza de que se está envejeciendo.

—*Washington Irving*

Tú estás joven, hijo mío, y cuando pasen los años el tiempo hará sus cambios y hará retroceder muchas cosas que expresas en tus opiniones actuales. Contrólate, por lo tanto, y no sirvas de árbitro para juzgar el mundo.

—*Platón*

¡Juventud, divino tesoro,
ya te vas para no volver!

—*Rubén Darío*

¡Dichosos años aquellos cuando éramos mozos!

—*Byron*

En la juventud aprendemos, en la vejez entendemos.

—*Marie Ebner-Eschenbach*

Cuarenta es la vejez de la juventud; cincuenta es la juventud de la vejez.

—*Proverbio francés*

Acuérdate de tu Creador en los días de tu juventud, antes que vengan los malos días, y lleguen los años, de los cuales digas: No tengo en ellos contentamiento.

—*Biblia* - Eclesiastés *12:1*

Juventud nunca vivida,
¿quién te volviera a soñar?

—*Antonio Machado*

La juventud viene sólo una vez en la vida.

—*Longfellow*

¡Adiós por la vez última,
amor de mis amores,
la luz de mis tinieblas,
la esencia de mis flores,
mi lira de poeta,
mi juventud, adiós!

—*Manuel Acuña*

LABIOS

Los labios encarnados deben ser alimentados.

—*A. B. Chearles*

Un beso, emoción divina
que en la vida disfrutamos;
cita que dan dos almas
para encontrarse en los labios.

—*Víctor M. Londoño*

Son tus labios un rubí,
partido por gala en dos . . .
Le arrancaron para ti
de la corona de Dios.

—*Espronceda*

Aquél con que te expreso
la belleza que ignoran los sabios:
el que toma en los labios
la forma del beso.

—*Leopoldo Lugones*

Los labios que tocan licor no deben tocar los míos.

—*George W. Young*

LABOR

Laborar es orar.

—*San Benedicto*

Vigilando, laborando y meditando, todas las cosas prosperan.

—*Salustio*

Laborando se conquista todo.

—*Virgilio*

Venid a mí todos los que estáis trabajados y cargados, que yo os haré descansar.

—*Biblia* - Mateo *11:28*

Si usas tu poder, el mundo te seguirá.

—*Charlotte Perkins Gilman*

La labor de cada ser humano no es una comodidad ni artículo de lujo.

—*Clayton*

Debes considerar no haber hecho nada, si has dejado algo por hacer.

—*Lucano*

LADRON

No hurtarás.

—*Biblia* - Exodo *20:15*

Hay honor entre los ladrones.

—Proverbio inglés

Cuando los ladrones desaparecen, los hombres honestos salen.

—Proverbio inglés

> Ave de pico encorvado
> le tiene al robo afición,
> pero el hombre de razón
> no roba jamás un cobre;
> pues no es vergüenza ser pobre
> y es vergüenza ser ladrón.

—José Hernández

LAGRIMAS

Las lágrimas son las lluvias estivales al alma.

—Alfred Austin

¡Sé que aún me quedan lágrimas!

—Bécquer

Sus lágrimas son más bellas que su sonrisa.

—Campbell

> Y yo soy de parecer
> y la experiencia lo enseña,
> que ablandarán una peña
> lágrimas de una mujer.

—Cervantes

Y lloró Jesús.

—Biblia - Juan 11:35

Los ojos no pueden ver bien a Dios, sino a través de lágrimas.

—Víctor Hugo

Las lágrimas son el lenguaje silencioso del dolor.

—Voltaire

El alma descansa cuando echa sus lágrimas; y el dolor se satisface con el llanto.

—Ovidio

Si tienes lágrimas, no dejes de verterlas.

—Shakespeare

Una sola lágrima derramó Ruperta
. . . porque la ingrata era tuerta.

—Anónimo

Brillan tanto las lágrimas en los ojos de la niña que nos da lástima besarlas cuando están secas.

—Byron

Ella hubiera podido ser una espléndida esposa, porque su llanto hacía que sus ojos brillaran y se enternecieran.

—O. Henry

Se sentó la niña junto a un río taciturno.
y sus lágrimas hicieron que fuese profundo.

—Herrick

Si me haces llorar, tendrá también pena tu alma.

—Horacio

¡Oh, Teresa! ¡Oh, dolor! lágrimas mías,
¡Ah! ¿dónde estáis, que no corréis a mares?
¿Por qué, por qué como en mejores días
no consoláis vosotras mis pesares?

—Espronceda

Mis lágrimas deben cesar, porque cada gota es como aguja punzante.

—Thomas Hood

No se pierde nada si se baña todo con lágrimas, porque la música del llanto es profunda y divina.

—John Davidson

¡Oh lágrimas hermosas,
gloria del alma mía y mi cuidado,
que de mis penas fuisteis piadosas!

—Fernando de Herrera

LECTURA

La lectura hace que un hombre sea completo.

—Bacon

No leer muchas cosas, sino leer pocas con mucha atención

—Plinio

La lectura es para la mente lo que el ejercicio es para el cuerpo.

—Addison

Mi temprano e invencible amor por la lectura no lo cambiaría por todas las riquezas de la India.

—Gibbon

Cuando leo un libro, ya sea fatuo o sabio, parece que estuviera vivo y me hablara.

—Swift

Lee los buenos libros primero; lo más seguro es que no alcances a leerlos todos.

—Thoreau

Para que el hombre sea fuerte debe comer regularmente, y para que sea sabio debe leer siempre.

—*Jeremy Collier*

Tengo tres consejos prácticos que ofrecerte:
1. Nunca leas un libro que no tenga por lo menos un año.
2. No leas un libro que no sea famoso.
3. Siempre lee sólo lo que te guste.

—*Emerson*

Cuando llegue el día del juicio, no se nos preguntará lo que hemos leído sino lo que hemos hecho.

—*Thomas A. Kempis*

Ocúpate en leer.

—*Biblia - 1* Timoteo *4:13*

LEON

No es tan fiero el león como lo pintan.

—*Herbert*

No jales al león de la melena cuando está muerto.

—*Marcial*

Un león entre mujeres es lo más peligroso.

—*Shakespeare*

No es conveniente despertar a un león dormido.

—*Philip Sidney*

El diablo, cual león rugiente, anda alrededor buscando a quién devorar.

—*Biblia - 1 Pedro 5:8*

Es mejor ser cabeza de ratón que cola de león.

—*Dicho*

LEY

La ley debiera ser como la ropa. Fabricarla para que se ajuste al talle del que la usa.

—*Clarence Darrow*

Cumplir la ley es mejor que hacerla.

—*Jefferson*

Que es mi barco mi tesoro,
que es mi Dios la libertad,
mi ley la fuerza y el viento,
mi única patria la mar.

—*Espronceda*

La ley es como una cisterna sin fondo.

—*J. Arbuthnot*

La razón es la vida de la ley

—*Sir Edward Coke*

Nunca te eleves tanto; que la ley te sobrepasa.

—*Thomas Fuller*

Debiera haber pocas reglas, pero que se cumplan.

—*Elena G. de White*

Leyes demasiado suaves nunca se obedecen; demasiado severas, nunca se ejecutan.

—*Franklin*

La ley debe ser como la muerte, que no exceptúa a nadie.

—Montesquieu

La ley a veces se duerme, pero nunca muere.

—Máxima legal

¡A la ley y al testimonio! Si no dijeren conforme a esto, es porque no les ha amanecido.

—Biblia - Isaías *8:20*

Donde termina la ley, empieza la tiranía.

—William Pitt

Leyes mezquinas engendran grandes crímenes.

—Ouida

Todas las cosas están regidas por las leyes de la naturaleza.

—Manilius

Las leyes muelen al pobre, y los ricos controlan la ley.

—Goldsmith

Las leyes se acallan con las armas.

—Cicerón

Ninguna ley es cómoda para todos.

—Tito Livio

Las leyes inútiles debilitan las necesarias.

—Montesquieu

Ningún hombre es tan bueno, que, al ser expuesto a las acciones de la ley, no sería condenado a la horca por lo menos diez veces.

—Montaigne

Las leyes en las manos de los reyes,
que las hacen, son de cera.

—*Juan Ruiz de Alarcón*

Si la ley la cumplen sólo los oficiales del gobierno, entonces no
tiene provecho alguno.

—*Herbert Hoover*

LIBERALIDAD

La liberalidad no consiste en dar mucho, sino dar a tiempo.

—*La Bruyére*

Usa liberalidad y da presto.

—*Marqués de Santillana*

El alma liberal será engordada.

—*Biblia* - Proverbios *11:25*

Lo que es mío es tuyo, y lo que es tuyo es mío.

—*Shakespeare*

LIBERTAD

El árbol de la libertad sólo crece cuando se riega con la sangre
de los tiranos.

—*Barére*

El día que cada uno fuéramos un tirano para nosotros mismos,
todos los hombres serían igualmente libres, sin revoluciones
y sin leyes.

—*Jacinto Benavente*

Eterna vigilancia es el precio de la libertad.

> —*John Philport Curran*

¡Denme libertad, o denme muerte!

> —*Patrick Henry*

Denme la libertad para saber, pensar, creer y actuar libremente de acuerdo con la conciencia, sobre todas las demás libertades.

> —*Milton*

¡Oh libertad! ¡Cuántos crímenes se cometen en tu nombre!

> —*Madame Jeanne Roland*

La libertad es lo único que no se puede mantener, mientras no se olviden las otras cosas.

> —*William Allen White*

Y pregonarás libertad en la tierra a todos sus moradores.

> —*Biblia* - Levítico *25:10*

¡Oh libertad preciosa,
no comparada al oro,
ni al bien mayor de la espaciosa tierra!

> —*Lope de Vega*

Cuando se va la libertad, la vida se vuelve insípida y pierde su gusto.

> —*Addison*

El Dios que nos dio la vida nos dio la libertad al mismo tiempo.

> —*Jefferson*

Lo que en algunos se llama libertad, en otros se conoce como libertinaje.

> —*Quintiliano*

La libertad, cuando empieza a echar raíces, es una planta de rápido crecimiento.

—*Washington*

La libertad es el derecho de hacer todo aquello que no pueda perjudicar a otro. La libertad civil consiste en la facultad de ejecutar todos los actos y transacciones no contrarios a la moral... La política es una ciencia que tiene por objeto la felicidad de los hombres por medio del gobierno, la justicia y la defensa exterior.

—*Villiaume*

La libertad es igual en todos los hombres: no tiene en cada uno por límite sino la de los demás.

—*Pi y Margall*

La libertad es el instrumento que puso Dios en manos del hombre para que realizase su destino.

—*Emilio Castelar*

LIBROS

Buenas noches, Vanidad;
es tarde ... Mi puerta cierro.
Yo estoy —¡cosas de la edad!—
muy bien en mi soledad,
con Dios, un libro y un perro.

—*Amado Nervo*

Con excepción de las criaturas, no hay otra cosa más maravillosa que un libro. Es un mensaje para nosotros de personas que nunca antes habíamos visto, pero a pesar de todo nos levantan, nos asustan, nos enseñan, nos confortan, y abren sus corazones como si fuéramos hermanos.

—*Kingsley*

Los escritos de los sabios son las únicas riquezas que nuestra posteridad no podrá malgastar.

—*Landor*

Ninguna otra fragata nos lleva a todas partes como el libro.

—*Emily Dickinson*

Este libro os digo que repaséis, que él os ha de encaminar para que, como Ulises, escapéis de tanto escollo como os espera y tanto monstruo que os amenaza.

—*Gracián*

Este es un libro de buena fe, lector.

—*Montaigne*

Una dosis de veneno puede hacer daño sólo una vez, pero un mal libro es capaz de envenenar las conciencias por mucho tiempo.

—*John Murray*

El libro, ¡bendito sea!...
pues con afán inaudito,
vuela por el infinito
con las alas de la idea.

—*Rubén Darío*

Las leyes mueren, los libros permanecen para siempre.

—*Bulwer-Lytton*

Un libro es la única cosa inmortal.

—*Rufus Choate*

No hay fin de hacer muchos libros; y el mucho estudio aflicción es de la carne.

—*Biblia* - Eclesiastés *12:12*

En cualquier libro discreto
(que si cansa, de hablar deja)
un amigo que aconseja
y reprende en secreto.

—Lope de Vega

Un buen libro es preciosa sangre de vida de un espíritu magistral, embalsamado y atesorado con el propósito de dar vida más allá de la vida.

—Milton

No hay libro tan malo del que no se pueda aprender algo bueno.

—Plinio

Libros, que sois un ala (amor la otra)
de las dos que el anhelo necesita
para llevar a la Verdad sin mancha.

—Amado Nervo

No hay libro tan malo que no tenga algo bueno.

—Cervantes

Amigo, éste no es un libro, el que lo toca, toca a un hombre.

—Whitman

Viven los sabios varones ya pasados, y nos hablan cada día en sus eternos escritos iluminando perennemente los venideros.

—Gracián

¡Cuánta confianza inspira un libro viejo del cual el Tiempo nos ha hecho ya la crítica.

—Lowell

Todo el mundo conocido, con excepción de las naciones salvajes, es gobernado por los libros.

—Voltaire

La verdadera universidad de hoy en día es una colección de libros.

—*Carlyle*

Ni por ser los autores más antiguos son mejores, ni por ser más modernos son de menos provecho y estimación.

—*Vicente Espinel*

¡Cuidado con el hombre de un solo libro!

—*Isaac D'Israeli*

El libro gobierna a los hombres y es el maestro del porvenir.

—*R. Poincaré*

¿Para qué los libros, para qué, Dios mío
si este amargo libro de la vida enseña
que el hombre es un pobre pedazo de leña
que arrastra en sus ondas fugaces un río?
¿Para qué los libros, para qué, Dios mío?...

—*Ricardo Nieto*

Conocemos más los libros que las cosas, y el ser sabio consiste en saber cosas y no libros.

—*Balmes*

He buscado en todas partes el sosiego, y no lo he encontrado sino sentado en un rincón con un libro en las manos.

—*Thomas A. Kempis*

Un libro hermoso es una victoria ganada en todos los campos de batalla del pensamiento humano.

—*Balzac*

Los hombres grandes y buenos no mueren ni aun en este mundo. Embalsamados en libros, sus espíritus perdurarán. El libro es una voz viviente. Es una inteligencia que nos habla y que escuchamos.

—*Samue Smiles*

Y hay también otras muchas cosas que hizo Jesús, que si se escribiesen cada una por sí, ni aun en el mundo pienso que cabrían los libros que se habrían de escribir.

—*Biblia* - Juan *21:25*

Considero la Sagrada Escritura como la más sublime filosofía.

—*Sir Isaac Newton*

LIMPIEZA

Dios ama lo limpio.

—*El Corán*

¡Es la esencia mejor de la belleza
el olor sin olor de la limpieza!

—*Campoamor*

Lavad, limpiaos.

—*Biblia* - Isaías *1:16*

Todo sale en la lavada.

—*Cervantes*

Si la suciedad fuera un triunfo ¿qué mano levantarías?

—*Lamb*

LITERATURA

La más grande norma de la literatura, en cuanto a pureza y exactitud de estilo se halla en la Biblia.

—*Hugh Blair*

Literatura es mi Utopía. No hay barrera de sentidos que me pueda quitar este placer. Los libros me hablan sin impedimentos de ninguna clase.

—*Helen Keller*

La república de letras.

—*Moliére*

La diferencia entre literatura y periodismo es que el periodismo es ilegible, mientras que la literatura no se lee.

—*Wilde*

Los clásicos pertenecen sólo a la literatura primitiva.

—*Stephen Leacock*

Literatura: el arte de la palabra.

—*Gayol Fernández*

LLANTO

Una vida en que no cae un lágrima es como uno de esos desiertos en que no cae una gota de agua; sólo engendra serpientes.

—*Anónimo*

¡Qué tanto puede una mujer que llora!

—*Lope de Vega*

El es la sola vida que vive ya mi muerta:
mi llanto, diariamente, la resucita en mí.

—*Amado Nervo*

LOCURA

De músico, poeta y loco todos tenemos un poco.

—*Dicho*

Todos los hombres están locos y, pese a sus cuidados, sólo se diferencian en que unos están más locos que otros.

—*Boileau*

No estoy loco, excelentísimo Festo, sino que hablo palabras de verdad y de templanza.

—*Biblia* - Hechos 26:25

Un loquito del hospicio
me dijo en cierta ocasión:
no son todos los que están,
ni están todos los que son.

—*Anónimo*

Pues ningún loco se hallare
que más incurable fuera
si ejecutara y dijera
un hombre cuanto pensare.

—*Calderón de la Barca*

LOGICA

Lógica es lógica. Eso es todo lo que digo.

—*Holmes*

La lógica es buena para razonar, pero mala para vivir.

—*Remy De Gourmont*

La lógica no es ni ciencia ni arte, sólo es una gambeta.

—*Benjamín Jowett*

La gramática es la lógica de la oratoria, aun tan lógica como la gramática de la razón.

—*Trench*

LUZ

Y dijo Dios: Sea la luz: y fue la luz.

—Biblia - Génesis *1:3*

Vosotros sois la luz del mundo.

—Biblia - Mateo *5:14*

Guíame, buena luz, en mi camino; la noche es oscura y mi hogar está distante.

—John Henry Newman

La naturaleza con sus leyes
se pierde en la densa noche.
Dios dijo sin un reproche:
Hágase Newton, y apareció la luz.

*—Pope - Epitafio en la tumba
de Sir Isaac Newton*

Viva la bendita luz, fruto del primogénito rayo celestial.

—Milton

Lámpara es a mis pies tu palabra, y lumbrera a mi camino.

—Biblia - Salmos *119:105*

Luz tenebrosa
cuyo destino y cuyo ser esconde
la impenetrable niebla del abismo . . .
¡Sin comprender a dónde,
sin comprenderse él mismo . . . !

—Manuel Acuña

LUNA

Esa hermosa dama, de plateada luz, que algunos llaman luna.

—Shelly

La luna taza de leche
blanca de la vaca pinta,
en un descuido esta noche
se ha derramado en la pampa.
La ordeñadora, allá arriba,
cómo la estará mirando.

—*Luis Fabio Xammar*

MADRE

Como Dios no podía estar en todas partes, entonces hizo a las madres.

—*Proverbio judío*

Las madres perdonan siempre, han venido al mundo para eso.

—*A. Dumas, padre*

Los sonidos más bellos que los seres pueden escuchar salen de las madres, del cielo y del hogar.

—*W. G. Brown*

¿Qué es un hogar sin madre?

—*Alice Hawthorne*

Levantáronse sus hijos, y llamáronla bienaventurada.

—*Biblia* - Proverbios *31:28*

Los ángeles cantando en tono celestial
si hablan del amor con toda su ternura
recuerdan a la madre, el ser angelical.

—*Poe*

La mano que mece la cuna, es la mano que gobierna el mundo.

—*W. S. Ross*

Madre es el nombre de Dios en los labios y en los corazones de los niños.

—*Thackeray*

El alma de la mujer ¡qué vale! si dentro de ella no hay un alma de madre.

—*Jacinto Benavente*

Los hombres son como sus madres los hacen.

—*Emerson*

Todo lo que soy, o espero ser, se lo debo al ángel de mi madre.

—*Lincoln*

Grande es siempre el amor maternal, pero toca en lo sublime cuando se mezcla con la admiración por el hijo amado.

—*Angel Ganivet*

Me levanté madre en Israel.

—*Biblia* - Jueces 5:7

Mi madre me dio la vida:
mi madre arrulló mis sueños
cuando en mi infancia querida
soñaba el alma dormida
con horizontes risueños.

—*José María Gabriel y Galán*

MALES

Quien canta sus males espanta.

—*Dicho*

Más poderosos quiso naturaleza que fuesen los males para dar pena, que los placeres para dar alegría.

—*Fray Luis de Granada*

Entre dos males escoge el menor.

—*Erasmo*

El mal a menudo triunfa, pero no conquista.

—*Joseph Roux*

¿Qué es el mal? —Lo que surge de la debilidad.

—*Nietzsche*

MAR

Los que saben orar que se vayan al mar.

—*Herbert*

Los ríos van a la mar, y la mar no se hincha.

—*Biblia* - Proverbios *1:7*

Alabo al mar mientras me quedo en la orilla.

—*John Florio*

El mar no tiene rey, sólo Dios.

—*Rossetti*

¡El mar! ¡El mar! ¡El mar abierto!
azul, y fresco, y libre al viento.

—*B. W. Procter*

Todo pasa y todo queda;
pero lo nuestro es pasar,
pasar haciendo caminos,
caminos sobre la mar.

—*Antonio Machado*

Hay mares que no se ven
y son grandes como el mar.
Los mares que cada uno
navega en su soledad.

—Manuel Benítez Carrasco

MAYORIA

Uno con la ley es mayoría.

—Calvin Coolidge

Una minoría puede tener la razón; una mayoría siempre está
equivocada.

—Ibsen

Es mi principio que la voluntad de la mayoría siempre debe
prevalecer.

—Jefferson

Voz del pueblo, voz de Dios.

—Adagio latino

MEDICINA

Los médicos sanan, la naturaleza da el bienestar.

—Aristóteles

La naturaleza, el tiempo y la paciencia son los tres grandes
médicos.

—H. G. Bohn

Una manzana cada día ahuyenta al médico.

—Proverbio inglés

Dios cura y el médico cobra la consulta.

—*Franklin*

Médico, cúrate a ti mismo.

—*Biblia* - Lucas *4:23*

Debemos orar por una mente sana en un cuerpo sano.

—*Juvenal*

Doctores son aquellas personas que recetan medicina, de lo que saben poco, para curar enfermedades que no conocen, en personas de las cuales no saben nada.

—*Voltaire*

MEMORIA

No permitas que tu memoria se enajene de las cosas que tienes, sino de las que te hacen falta.

—*Marco Aurelio*

Una tierra sin ruinas es un lugar sin memorias; un lugar sin memorias es una tierra sin historia.

—*Abrahán J. Ryan*

Las grandes mentalidades tienen propósitos en la vida; las otras sólo tienen deseos. Las mentes reducidas se encuentran subyugadas, mientras que las generosas logran hasta superar el infortunio.

—*Washington Irving*

Es mucho más fácil creer que negar. Por lo general, nuestras mentes son afirmativas.

—*Charles D. Warner*

La nación que se olvida de sus defensores, muy pronto será olvidada.

—*Calvin Coolidge*

La verdadera posesión de un hombre es su memoria. En nada es más rico, en nada es más pobre.

—*Alexander Smith*

El cultivo de la memoria es tan necesario como el alimento para el cuerpo.

—*Cicerón*

Mi lengua se pegue a mi paladar, si de ti no me acordare.

—*Biblia* - Salmos *137:6*

Las mujeres y los elefantes nunca olvidan nada.

—*Dorothy Parker*

El verdadero arte de la memoria es el arte de la atención.

—*Samuel Johnson*

Siempre debemos tener viejas memorias y esperanzas jóvenes.

—*Arséne Houssaye*

La vanidad practica trucos atractivos con nuestra memoria.

—*Joseph Conrad*

Cualquier tiempo pasado fue mejor.

—*Jorge Manrique*

Aquello de que "cualquier tiempo pasado fue mejor", se debe a una mala memoria.

—*Anónimo*

No hay tristeza más grande que recordar, en la miseria, de nuestros momentos felices.

—*Dante*

Es mejor olvidarse y sonreír que recordar y entristecerse.

—*Christina Rossetti*

MENTIRA

Exageración es cuando la verdad ha perdido su temperamento.

—Anónimo

No me hagas preguntas para que no te diga mentirillas.

—Goldsmith

Las figuras no mienten, pero los mentirosos figuran.

—C. H. Grosvenor

El pecado tiene muchas herramientas, pero la mentira es el mango que encaja en todas.

—O. W. Holmes

Una de las más sorprendentes diferencias entre el gato y el mentiroso es que el gato tiene apenas nueve vidas.

—Mark Twain

Los labios mentirosos son abominación a Jehová: mas los obradores de verdad su contentamiento.

—Biblia - Proverbios *12:22*

No hay mentira en el querer:
que te quise era verdad . . .
que no te quiero también.

—Manuel Machado

MIEDO

A lo único que debemos temerle es al miedo mismo.

—F. D. Roosevelt

El principio de la sabiduría es el temor de Jehová.

—Biblia - Proverbios *1:7*

El miedo siempre surge de la ignorancia.

—Emerson

La libertad del temor, de la injusticia y de la opresión serán
nuestras sólo en proporción a los valores que el hombre les
da; tales libertades nos ayudarán a defendernos de los enemigos de adentro y de afuera.

—Dwight D. Eisenhower

Fue el temor el que primero hizo los dioses del mundo.

—Statius

No se asusten que yo estoy temblando.

—Dicho

El que está abajo no tiene miedo de caerse.

—Bunyan

MISERIA

A la miseria le gusta tener compañía.

—Proverbio inglés

El fuego prueba al oro, la miseria a los hombres valientes.

—Séneca

La miseria relaciona a un hombre con extraños compañeros.

—Shakespeare

MISERICORDIA

La misericordia brilla más que la justicia.

—Cervantes

Mas la misericordia de Jehová es eterna para los que le temen.

—*Biblia* - Salmos *103:17*

Seamos misericordiosos y a la vez justos.

—*Longfellow*

Bienaventurados los misericordiosos: porque ellos alcanzarán misericordia.

—*Biblia* - Mateo *5:7*

Que la misericordia que muestro a otras personas también me la muestren a mí.

—*Pope*

El poder humano se parece al divino cuando la misericordia produce justicia.

—*Shakespeare*

MODESTIA

La modestia es la conciencia del cuerpo.

—*Balzac*

La modestia es la única carnada para conseguir la alabanza.

—*Chesterfield*

La modestia murió cuando la falsa modestia vino.

—*Mark Twain*

Un hombre modesto nunca habla de sí mismo.

—*La Bruyere*

Con la gente de mediana habilidad la modestia es genuina; con aquellos que poseen grandes talentos es sólo hipocresía.

—*Schopenhauer*

MONTAÑA

Si la montaña no viene a Mahoma, Mahoma irá a la montaña.

—*Proverbio inglés*

Tengo nostalgia por las montañas.

—*Bliss Carman*

Porque de cierto os digo que cualquiera que dijere a este monte: Quítate, y échate al mar, y no dudare en su corazón, más creyere que será hecho lo que dice, lo que dijere le será hecho.

—*Biblia* - Marcos *11:23*

La distancia brinda encanto al panorama, y roba la montaña un pedazo de azul infinito.

—*Campbell*

MORALIDAD

La moralidad es un lujo privado y costoso.

—*Henry B. Adams*

Cada uno tiene su propia moralidad, si la puede encontrar.

—*Lewis Carroll*

Para que una persona tenga pleno conocimiento de la moralidad, yo la enviaría a que no estudiara otro libro sino el Nuevo Testamento.

—*Locke*

La moralidad es la treta más efectiva para arrastrar a los hombres de las narices.

—*Nietzsche*

No seas demasiado moral. Te puedes engañar a ti mismo. Más allá de la moral, trata de no ser simplemente bueno, sino bueno para algo.

—*Thoreau*

Lo que llamamos "moral" es sólo una obediencia ciega a las palabras de un mandato.

—*Havelock Ellis*

Moral es cuando te sientes bien después; inmoral es cuando te sientes mal después de cometida la acción.

—*Ernest Hemingway*

MUERTE

Consideremos los lirios del campo cuya fragancia es efímera; nosotros somos como ellos, la flor desaparece y se pierde el aroma.

—*Christina Rossetti*

Mándame las flores cuando las pueda oler.

—*Dicho inglés*

En un momento morirán, y a media noche se alborotarán los pueblos, y pasarán, y sin mano será quitado el poderoso.

—*Biblia* - Job *34:20*

Cuando pasen los años y tu vida
feliz, bajo otro cielo se deslice,
en la sombra, una voz desconocida,
te dirá con dolor cuánto te quise.

—*Xavier Montes*

No llames a ningún hombre feliz hasta que no se muera.

—*Aeschylus*

Aunque parezca un juego, así es la muerte para nosotros.

—*Esopo*

Estoy ahora listo para embarcarme por última vez; un gran salto a la oscuridad.

—*Thomas Hobbes*

¿Es la muerte el último sueño? No, es el final y último despertamiento.

—*Scott*

Comenzamos a morir apenas nacemos; y el fin tiene conexión con el principio.

—*Manilius*

MUJER

Diez yuntas de bueyes no atraen tanto como el pelo de una mujer.

—*Longfellow*

La sencilla, recatada y virtuosa no es una mujer sino un ángel.

—*Anónimo*

Lo único que me consuela al ser mujer es que no tendré que casarme con una de ellas.

—*Ursula Harking*

En este mundo hay más locos que locas; ya se sabe quien está trayendo la locura.

—*Peter Veale*

Después de Dios, le debemos todo a la mujer; primero porque nos trae la vida, luego porque hace que la apreciemos mejor.

—*Bovee*

Estoy seguro que las mujeres son tontas. Dios las hizo para que se emparejaran con los hombres.

—George Eliot

Las mujeres son más eruditas que los hombres: saben menos y entienden más.

—James Stephens

Es muy difícil ser mujer, porque tiene que relacionarse con los hombres.

—Conrad

Admiro mucho a la mujer. Me encanta su belleza, su delicadeza, su vivacidad, y su silencio.

—Samuel Johnson

La mujer es la eterna enemiga del hombre.

—Guillermo Valencia

Las mujeres siempre tienen una reservación mental.

—Destouches

Si permitís que las mujeres te igualen, al poco tiempo serán tus superiores.

—Catón

La sociedad de mujeres es el fundamento de buenas costumbres.

—Goethe

La corona de la creación.

—Herdeb

El hombre tiene su voluntad; la mujer, su manera.

—Holmes

Dios hace las mujeres hermosas, y el diablo las hace lindas.

—Víctor Hugo

La mujer virtuosa corona es de su marido.

—*Biblia* - Proverbios *12:14*

No hay peor mal que una mala mujer, y no hay mayor bien que una mujer buena.

—*Eurípides*

La suposición de una mujer es más certera que la seguridad de un hombre.

—*Kipling*

La cosa más noble de la tierra es una mujer perfecta.

—*Lowell*

La peor falta de las mujeres es querer ser como los hombres.

—*DeMaistre*

Demasiado humanas para adorarlas, demasiado divinas para amarlas.

—*Milman*

Es más fácil para una mujer defender su virtud contra los hombres que su reputación contra las mujeres.

—*Rochebrune*

Los hombres que les echan piropos a las mujeres, no las conocen; aquellos que abusan de ellas, las conocen menos.

—*Madame de Salm*

Fragilidad: tu nombre es mujer.

—*Shakespeare*

La mujer o ama u odia: no conoce medio alguno.

—*Syrus*

Las mujeres son niñas mayores.

—*Lord Chesterfield*

Espero que la mujer sea lo último que el hombre civilice.

—*George Meredith*

La mujer es tan falsa como la pluma al viento.

—*F. M. Piave*

Cuando se apagan las velas las mujeres son bellas.

—*Plutarco*

Yo me enamoré del aire,
del aire de una mujer,
como la mujer es aire,
en el aire me quedé.

—*Anónimo*

MUNDO

Cuando el hombre está despierto, se halla en un mundo común,
y cuando duerme se encuentra en su propio mundo.

—*Plutarco*

La mitad del mundo no sabe cómo vive la otra mitad.

—*Rabeláis*

El mundo es un buen lugar; valdría la pena defenderlo.

—*Ernest Hemingway*

En este mundo lo único seguro es la muerte, y los impuestos.

—*Franklin*

Y sin embargo se mueve.

—*Galileo*

Un hermoso libro es el mundo, para aquellos que saben leerlo.

—*Goldoni*

Se necesita toda clase de personas para hacer un mundo.

—*Douglas Jerrold*

No hay mundo tranquilo cuando se sacude el patriotismo entre la raza humana.

—*George Bernard Shaw*

El mundo es una comedia para aquellos que lo piensan, y una tragedia para los que lo sienten.

—*Horace Walpole*

En la puerta de un molino
me puse a considerar
las vueltas que ha dado el mundo
y las que tiene que dar.

—*Anónimo*

MUSICA

A veces nos entristece escuchar música sin palabras, pero es mucho más triste escuchar música sin música.

—*Mark Twain*

Cuando me esté muriendo quiero que me pongan música: éste será mi postrer deleite.

—*Keats*

Música; cuando las suaves voces mueren, vibran en la memoria.

—*Shelly*

La música debe brotar fuego del corazón del hombre, y lágrimas de los ojos de la mujer.

—*Beethoven*

La música es el lenguaje de los ángeles.

—*Carlyle*

La música es la lengua universal de la humanidad.

—*Longfellow*

Todo lo celestial que tenemos aquí abajo.

—*Addison*

Déjenme morir escuchando los acordes de una música deliciosa.

—*Ultimas palabras de Mirabeau*

La música de Wagner es mejor de lo que suena.

—*Bill Nye*

El infierno está lleno de aficionados a la música.

—*George Bernard Shaw*

Era un aire suave, de pausados giros;
el hada Harmonía ritmaba sus vuelos;
e iban frases vagas y tenues suspiros
entre los sollozos de los violoncelos.

—*Rubén Darío*

Ritmos sonoros, ritmos potentes, ritmos graves,
unos cual choque de armas, otros cual canto de aves.

—*José A. Silva*

Cuando las estrellas todas del alba alababan, y se regocijaban
todos los hijos de Dios . . .

—*Biblia* - Job 38:7

Robador del viento, domaré sus giros,
y en las noches calladas y quietas
para los amantes venderé suspiros,
y bellas canciones para los poetas.

—*Enrique González Martínez*

¿Por qué es dueño el diablo de los mejores tonos?

—*Rowland Hill*

Meciéndose las olas cual notas de Mozart.

—*R. Escandón*

Si la música es el alimento del amor, sigue tocando.

—*Shakespeare*

NACIONALISMO

El nacionalismo es una enfermedad infantil. Es el sarampión de la humanidad.

—*Albert Einstein*

Concebido en el pecado y nacido en la iniquidad, el espíritu de nacionalismo nunca ha cesado de azuzar a las instituciones humanas a que sirvan de disensión y de desastre a la humanidad.

—*Veblen*

NATURALEZA

No amo menos al hombre, pero amo más la naturaleza.

—*Byron*

El arte puede errar, pero la naturaleza nunca se equivoca.

—*Dryden*

La naturaleza es un volumen en donde Dios es el autor.

—*Harvey*

La naturaleza, como una madre tierna y sonriente, nos presta sus sueños y alegra nuestras fantasías.

—*Víctor Hugo*

No acuses a la naturaleza, ella ha hecho su parte; ahora haz la tuya.

—Milton

O habla a la tierra, que ella te enseñará.

—Biblia - Job *12:8*

Los montes fueron hechos para los cazadores de sueños, los arroyuelos para los pescadores de canciones.

—Sam Walter Foss

Todo en la naturaleza funciona de acuerdo con la ley.

—Emmanuel Kant

La naturaleza aborrece el vacío.

—Rabeláis

Un toque de la naturaleza une al mundo.

—Shakespeare

La naturaleza siempre tiene más fuerza que la educación.

—Voltaire

La naturaleza no procede de los saltos.

—Linnaeus

Los cielos cuentan la gloria de Dios, y la expansión denuncia la obra de sus manos.

—Biblia - Salmos *19:1*

En una hermosa morada
do habita el sicomoro,
y surcan los ríos de oro
formando bellas ramadas,
y las flores encrespadas
tienden su nítido olor,
y las aves que a su Autor
le alaban con su pureza,
allí la naturaleza
da un ejemplo de candor.

—R. Escandón

NECESIDAD

Es difícil convencer a las personas pletóricas de riquezas, que hay otras llenas de necesidades.

—*Swift*

El hombre recorre el mundo buscando lo que necesita, y cuando llega a su casa lo encuentra.

—*George Moore*

La necesidad tiene cara de hereje.

—*Dicho*

La necesidad no tiene ley.

—*Anónimo*

La necesidad es la madre de la invención.

—*Anónimo. Proverbio latino*

A menudo la necesidad es la espuela del genio.

—*Balzac*

La necesidad empareja al tímido con el valiente.

—*Sallust*

NEGOCIO

El negocio es la combinación de la guerra con el deporte.

—*Andre Maurois*

Se acabó la Navidad y negocio es negocio.

—*Anónimo*

Todos pueden rebajar los precios, pero se necesita un genio para producir mejores artículos.

—*P. D. Armour*

El negocio es religión, y la religión es negocio.

—*Maltbie Babcock*

La naturaleza del negocio es la estafa.

—*August Bebel*

El negocio de los Estados Unidos es negocio.

—*Calvin Coolidge*

El negocio es como el aceite. No se mezcla con otra cosa que no sea negocio.

—*J. Graham*

¿No sabíais que en los negocios de mi padre me conviene estar?

—*Biblia* - Lucas 2:49

Lo que es el negocio de todos, no es nuestro negocio.

—*Izaak Walton*

Ni tengo que pagar,
ni me quedas a deber;
si yo te enseñé a querer,
tú me enseñaste a olvidar.

—*Ramón de Campoamor*

¿Dónde está la utilidad
de nuestras utilidades?
Volvamos a la verdad:
vanidad de vanidades.

—*Antonio Machado*

NEUTRALIDAD

La neutralidad, como principio eterno, es evidencia de debilidad.

—*Kossuth*

El corazón nunca es neutral.

—*Shaftesbury*

La fría neutralidad de un juez imparcial.

—*Anónimo*

Un neutro sabio no se une a ninguno de los dos partidos, pero usa ambos para sus propios intereses.

—*William Penn*

NOBLEZA

La palabra "snob" significa: "sin nobleza".

—*José Ortega y Gasset*

Envía tu noble sangre al mercado y verás lo que te traerán.

—*Thomas Fuller*

Noble sangre es accidente de fortuna; acciones nobles caracterizan al noble.

—*Goldoni*

Sé noble en cada pensamiento, y en cada acción.

—*Longfellow*

Este era el más noble de todos los romanos.

—*Shakespeare*

Y fueron éstos más nobles que los que estaban en Tesalónica, pues recibieron la palabra con toda solicitud, escudriñando cada día las Escrituras.

—*Biblia* - Hechos *17:11*

El que es noble de nacimiento, debe portarse como tal.

—*Anónimo*

La nobleza obliga.

—Proverbio latino

Noble es el varón, que siendo noble, no ostenta su nobleza.

—R. Escandón

NOCHE

La noche tiene mil ojos, el día sólo uno.

—F. W. Bourdillon

El negro manto de la noche cubre todo por parejo.

—Du Bartas

Guarda ¿qué hora es de la noche?

—Biblia - Isaías 21:11

Más cerca de la aurora, más oscura la noche.

—Longfellow

Exhibiciones de estrellas y mujeres se contemplan en las mejores noches.

—Byron

OBEDIENCIA

La sola obendiencia nos da derecho a mandar.

—Emerson

Que la primera lección que le des a tu hijo sea la obediencia: puede ser la segunda lo que se te antoje.

—Franklin

Las mujeres saben muy bien que mientras más obedecen, más gobiernan.

—*Michelet*

Que obedezcan aquellos que conocen las reglas.

—*Shakespeare*

Si quisiéreis y oyéreis, comeréis el bien de la tierra.

—*Biblia* - Isaías *1:19*

OBSTINACION

La obstinación y la vehemencia en la opinión son las pruebas más seguras de la estupidez.

—*Bernard Barton*

Un hombre obstinado no mantiene opiniones, más bien las opiniones lo mantienen a él.

—*Pope*

Más terco que mula vieja.

—*Dicho*

OCEANO

Lleno de gemas y de luz serena.

—*Gray*

¿Amas el océano? Yo apenas lo contemplo desde la playa.

—*Douglas Jerrold*

Alabemos al océano, pero quedémonos en la tierra.

—*George Haerbert*

Quiero morir cuando decline el día,
en alta mar y con la cara al cielo;
donde parezca un sueño la agonía,
y el alma, un ave que remonta el vuelo.

—*Manuel Gutiérrez Nájera*

¡Rueda, profundo y azul marino océano, rueda!

—*Byron*

¡Oh mi voz condecorada
con la insignia marinera:
sobre el corazón un ancla,
y sobre el ancla, una estrella,
y sobre la estrella, el viento,
y sobre el viento, la vela!

—*Rafael Alberti*

Nuestras vidas son los ríos
que van a dar en la mar,
        que es morir.

—*Jorge Manrique*

OFICINA

La insolencia de la oficina.

—*Shakespeare*

La mente desocupada es la oficina de Satanás.

—*Máxima*

La oficina pública es el último recurso de la incompetencia.

—*Boise Penrose*

Cada vez que lleno una vacante, consigo cien malcontentos y
    un ingrato.

—*Luis XIV*

La lucha y desesperación por conseguir un puesto de oficina, por buscar una forma de vivir sin trabajar, probará finalmente la fuerza de nuestras instituciones.

—Lincoln

OPINION

La opinión pública es más fuerte que la legislatura, y casi tan poderosa como los diez mandamientos.

—Charles D. Warner

El que es recto en la opinión está siempre equivocado.

—Dryden

Aquellos que nunca se retractan de sus opiniones se aman a ellos mismos más que a la verdad.

—Joubert

     ¡Pobre Carolina mía!
     ¡Nunca la podré olvidar!
     Ved lo que el mundo decía
     viendo el féretro pasar:
     Un clérigo. —Empiece el canto.
     El doctor. —¡Cesó el sufrir!
     El padre. —Me ahoga el llanto.
     La madre. —¡Quiero morir!
     Un muchacho. —¡Qué adornada!
     Un joven. —¡Era muy bella!
     Una moza. —¡Desgraciada!
     Una vieja. —¡Feliz ella!
     —¡Duerme en paz! —dicen los buenos.
     —¡Adiós! —Dicen los demás.
     Un filósofo. —¡Uno menos!
     Un poeta. —¡Un ángel más!

—Campoamor

Los tontos y los muertos son los únicos que no cambian de opinión.

—Lowell

Es la fuerza y no la opinión la reina del mundo; pero es la opinión la que usa la fuerza.

—*Pascal*

Tantos hombres, tantas mentes.

—*Terence*

OPORTUNIDAD

La extremidad del hombre es la oportunidad de Dios.

—*John Flavel*

Cultiva centeno mientras brilla el sol.

—*Proverbio inglés*

No creas que la oportunidad tocará dos veces a tu puerta.

—*Chamfort*

La oportunidad es calva.

—*Dicho*

Ara bien hondo, mientras el perezoso duerme.

—*Franklin*

La oportunidad de hacer el mal aparece cien veces al día, y la de hacer el bien sólo una vez al año.

—*Voltaire*

—¿Hay oportunidad para mi hijo
en este mundo proscrito?
—Las carreras no se han ganado,
los grandes libros no se han escrito.

—*Berton Braley*

OPTIMISMO

Dos hombres miran a través de la misma reja, el uno mira el lodo y el otro las estrellas.

—*Frederick Langbridge*

Un optimista ve una oportunidad en toda calamidad; un pesimista ve una calamidad en toda oportunidad.

—*Anónimo*

Mantén tu mirada hacia los rayos de sol y no contemplarás sombra alguna.

—*Helen Keller*

No me gusta esa peste despreciada que asegura que todo lo bueno es para lo mejor.

—*Franklin P. Adams*

El optimista proclama que vivimos en el mejor de los mundos posibles, mientras que el pesimista teme que eso sea verdad.

—*Branch Cabell*

ORACION

Nunca buscaron en vano los que le pidieron a Dios acertadamente.

—*Burns*

El que ora bastante ama mucho.

—*S. T. Coleridge*

Si un hombre se levanta de la oración y es un hombre bueno, su oración ha sido contestada.

—*George Meredith*

Porque cualquiera que pide, recibe; y el que busca, halla.

—*Biblia* - Mateo *7:8*

Velad y orad.

—*Biblia* - Mateo *24:42*

La gente común no ora, sólo pide.

—*G. B. Shaw*

Más cosas de lo que este mundo sueña se consiguen por la oración.

—*Tennyson*

Cuando los dioses nos quieren castigar, entonces contestan nuestras oraciones.

—*Wilde*

Una oración, en su más simple significado, es sólo un deseo que se vuelve celestial.

—*Phillips Brooks*

La oración es la voz de la fe.

—*Horne*

Dios calienta sus manos en el corazón del hombre que ora.

—*Masefield*

Nuestras oraciones deben recordar sólo las bendiciones, porque Dios sabe lo que es bueno para nosotros.

—*Sócrates*

El Padrenuestro contiene la suma total de la religión y de la moral.

—*El Duque de Wellington*

Ora como si todo dependiera de Dios, y trabaja como si todo dependiera del hombre.

—*Cardenal Spellman*

¡Dios mío! Si en el campo de batalla me olvidare de ti, no te olvides de mí.

—William King

Tú oras en el desastre y en la necesidad; sería bueno que oraras en la plenitud de la vida y en los días de abundancia.

—Kahlil Gibran

Orar es el acto de abrir nuestro corazón a Dios como a un amigo. No es que se necesite esto para que Dios sepa lo que somos, sino a fin de capacitarnos para recibirle. La oración no baja a Dios hacia nosotros, antes bien nos eleva a El.

—Elena G. de White

> Dulce oración, dulce oración,
> de toda influencia mundanal
> elevas tú mi corazón
> al tierno Padre celestial.

—Guillermo B. Bradbury

No hay cosa más grande que ver a un hombre de rodillas.

—Napoleón

ORDEN

Un lugar para cada cosa y cada cosa en su lugar.

—Anónimo

Orden es la primera ley del cielo.

—Pope

Empero hágase todo decentemente y con orden.

—Biblia - 1 Corintios 11:40

ORGULLO

Ellos son orgullosos de su humildad, orgullo que no merecen.

—Burton

El orgullo arruinó a los ángeles.

—Emerson

El orgullo que cena con la vanidad se vuelve una sopa de contentamiento.

—Franklin

El orgulloso odia el orgullo en otros.

—Franklin

El orgullo y la debilidad son siameses.

—Lowell

El que es demasiado pequeño tiene un orgullo grande.

—Voltaire

Tu arrogancia te engañó.

—Biblia - Jeremías 49:16

El amor es más fuerte que el orgullo.

—Anónimo

OSCURIDAD

Es mejor estar sin luz que en una oscuridad visible.

—Milton

El sol se oculta, las estrellas se esconden, y luego viene la oscuridad.

—S. T. Coleridge

Porque he aquí que tinieblas cubrirán la tierra, y oscuridad los pueblos.

—*Biblia* - Isaías *60:2*

PACIENCIA

Todos los hombres profesan tener paciencia; aunque muy pocos la practican.

—*Thomas A. Kempis*

Paciencia, piojo, que la noche es larga.

—*Dicho*

Aquí está la paciencia de los santos.

—*Biblia* - Apocalipsis *14:12*

Un puñado de paciencia vale más que un balde de sesos.

—*Proverbio holandés*

Adoptemos la paz de la naturaleza; su secreto está en la paciencia.

—*Emerson*

El que puede tener paciencia, puede tener lo que quiera.

—*Franklin*

Todas las cosas le llegan al que espera.

—*Longfellow*

¡Cuán pobres son los que no tienen paciencia!

—*Shakespeare*

Paciencia es el arte de esperar.

—*Vauvenargues*

Con tiempo y trabajo se consigue lo que la fuerza y el afán persiguen.

—*La Fontaine*

¿Hasta dónde, Catilina, abusarás de nuestra paciencia?

—*Cicerón*

Cuídate del furor de un hombre paciente.

—*Dryden*

Habéis oído la paciencia de Job.

—*Biblia* - Santiago *5:11*

PARAISO

En este paraíso estólido nos embriagamos en el deleite.

—*Crabbe*

¡Oh, desiertos, donde el paraíso basta!

—*Omar Khayyam*

El desierto fuera un paraíso si tú estuvieras allí.

—*Burns*

Los amores que se hallan en el paraíso echan fuera el temor; y en el paraíso hay lugar para ti, para mí y para todos.

—*Christina Rossetti*

Por la desobediencia del hombre
al comerse lo prohibido
vino la muerte al mundo
y se acabó el paraíso.

—*Milton*

Si Dios este mundo hizo
donde impera su realeza,
¿cómo sería la belleza
que había en aquel Paraíso?

—*James Montgomery*

PASADO

Ni aun el cielo mismo tiene poder sobre el pasado.

—*Dryden*

Que el pasado muerto entierre sus muertos.

—*Longfellow*

Aquellos que no recuerdan el pasado están condenados a repetirlo.

—*Santayana*

La gracia tierna de un día fenecido nunca más me acompañará.

—*Tennyson*

¡Dios mío! Retorna tu universo y dame el ayer.

—*Henry A. Jones*

Para mí el pasado es como un balde de cenizas.

—*Carl Sandburg*

El mejor profeta del futuro es el pasado.

—*John Sherman*

En esta vida mundana
olvida el hombre prever
que hoy, el "mañana" de ayer,
será el "ayer" de mañana.
No hay nada más inseguro,
puesto que el tiempo no para,
que el breve "hoy" que separa
el pasado del futuro.

—*Redondillas*

PASION

La pasión es humanida y universal. Sin ella la religión, la historia, el romance y el arte serían innecesarios.

—*Balzac*

El conocimiento de la humanidad es el conocimiento de sus pasiones.

—*Disraeli*

¡Dadme ese hombre que no es esclavo de las pasiones!

—*Shakespeare*

Las pasiones reinantes todavía conquistan la razón.

—*Pope*

Las pasiones sin control terminan en locura.

—*Thomas Hobbes*

Cogidas de la mano, cual rubias hermanitas
luciendo golas cándidas, irán las margaritas
por montes y praderas
delante de tus pasos, el día que me quieras...
Y si deshojas una, te dirá su inocente
postrer pétalo blanco: ¡Apasionadamente!

—*Amado Nervo*

Si hago al juicio una llamada,
me responde el corazón
que si hay juicio no hay pasión
y si no hay pasión no hay nada.

—*Ramón de Campoamor*

PATRIOTISMO

Lo único que lamento es que apenas tengo una vida para ofrecerle a mi patria.

—*Nathan Hale - Sus últimas palabras*

Reconozco que el patriotismo no es lo único. No debo odiar a nadie.

—Edith Cavell

Patriotismo es el último recurso del bribón.

—Samuel Johnson

¡Pueblo indolente! ¡Cuán diversa sería hoy nuestra suerte si conocieseis el precio de la libertad! Pero no es tarde. Ved que, aunque mujer y joven, me sobra valor para sufrir la muerte, y mil muertes más.

—Policarpa Salavarrieta

PAZ

El respeto al derecho ajeno es la paz.

—Benito Juárez

¡Paz, paz, no hay paz!

—Patrick Henry

No hay paz... para los impíos.

—Biblia - Isaías 57:21

Si el hombre encontrara la solución del mundo por medio de la paz, sería el cambio más sorprendente de la historia.

—George C. Marshall

Cinco grandes enemigos de la humanidad están dentro de nosotros mismos: la avaricia, la ambición, la envidia, la ira y el orgullo. Si nos despojamos de ellos gozaremos de la más completa paz.

—Petrarca

La forma más segura de conseguir la paz es con la espada en la mano.

—George Farquhar

Yo prefiero la más injusta paz que la más virtuosa guerra.

—*Cicerón*

Nunca he provocado la guerra, excepto como un medio pacífico.

—*Ulysses S. Grant*

Paz a cualquier precio.

—*Lamartine*

Si la paz no se puede mantener con el honor, no será entonces paz.

—*Lord Russell*

Y la paz de Dios, que sobrepuja todo entendimiento, guardará vuestros corazones.

—*Biblia* - Filipenses *4:7*

Estar preparado para la guerra es uno de los medios más efectivos para conservar la paz.

—*Washington*

En su voluntad está nuestra paz.

—*Dante*

Paz con honor.

—*Disraeli*

Bienaventurados los pacificadores.

—*Biblia* - Mateo *5:9*

PECADO

¡Oh pecado! ¡Cuánto mal le has ocasionado a esta hermosa tierra!

—*R. H. Dana*

La pobreza y la riqueza son pecados comparativos.

—*Víctor Hugo*

El que de vosotros esté sin pecado, arroje contra ella la primera piedra.

—*Biblia* - Juan *8:7*

Los pecados que se cometen de dos en dos, se pagan uno por uno.

—*Kipling*

No es sólo lo que hagamos, sino lo que dejemos de hacer, de lo que también tenemos que dar cuenta.

—*Moliére*

Al pecar Eva, pecamos todos.

—*Proverbio de Nueva Inglaterra*

Porque la paga del pecado es la muerte.

—*Biblia* - Romanos *6:23*

Si es pecado amar: yo soy pecador.

—*Anónimo*

El peor pecado es no reconocer el pecado.

—*R. Escandón*

PENA

El hombre afronta la pena como si fuera un castigo; la mujer la acepta como si fuera herencia.

—*Anónimo*

Lola.
La pena fue tan amarga,
más que por pena, por sola.

—*Luis Rosales*

La pena y el placer, como la luz y las tinieblas, se siguen la una al otro.

—*Laurence Sterne*

La pena en el alma es más cruenta que la pena en el cuerpo.

—*Syrus*

PENSAMIENTO

El poder del pensamiento, la magia de la mente.

—*Byron*

Mis pensamientos corrieron a una distracción.

—*Cervantes*

Yo pienso, por lo tanto soy.

—*Descartes*

Pensamientos que respiran y palabras que queman.

—*Gray*

La mente crece con lo que se la alimenta.

—*J. G. Holland*

Un centavo por tu pensamiento.

—*Lyly*

Porque cual es su pensamiento en su alma, tal es él.

—*Biblia* - Proverbios *23:7*

Si en algo le he servido a la humanidad se debe a la paciencia de mi pensamiento.

—*Sir Isaac Newton*

No hay nada malo o bueno: en el pensamiento está la selección

—Shakespeare

Pienso, luego existo...

—Proverbio latino

Pienso sin encono alguno.

—Jacob Moleschott

> Esta mujer que siente lo que siento
> y está sangrando por mi propia herida
> tiene la forma justa de mi vida
> y la medida de mi pensamiento.

—Francisco Luis Bernárdez

PEREZA

La gente baldía y perezosa es en la república lo mismo que los zánganos en las colmenas, que se comen la miel que las trabajadoras abejas hacen. Advierte ¡oh Sancho! que la diligencia es madre de la buena ventura; y la pereza, su contraria, jamás llegó al término que pide su buen deseo.

—Cervantes

No es perezoso únicamente el que nada hace, sino también el que podría hacer algo mejor que lo que hace.

—Sócrates

Primero trabaja; descansa después.

—John Ruskin

Si yo dejase un solo día de hacer ejercicios en el piano, yo notaría esta falta; si me abstuviese tres días, lo notarían mis amigos, y si me abstuviese una semana, el público lo notaría.

—Paderewski

El tiempo perdido nunca jamás se vuelve a encontrar.

—Aughey

Muchas personas tienen el perfecto genio de no hacer nada, y lo hacen con entusiasmo.

—Haliburton

Un hombre con pereza es un reloj sin cuerda.

—Balmes

La pereza hace caer en sueño; y el alma negligente hambreará.

—Biblia - Proverbios *19:15*

La mano perezosa, pobreza es.

—Anónimo

La pereza es la sepultura del hombre.

—Jeremy Taylor

Cuando tenemos muy poco que hacer, no encontramos tiempo para hacerlo.

—Lord Chesterfield

PRINCIPIOS

Los principios se modifican cuando se practican con los hechos.

—Cooper

Nos podrán derrotar, pero nunca acabarán con nuestros principios.

—William L. Garrison

Los expedientes son para el momento, los principios para las edades.

—H. W. Beecher

Si sabes gastar menos de lo que ganas, conoces entonces la piedra filosofal.

—Franklin

Los principios importantes pueden ser flexibles.

—Lincoln

Si tus principios controlan las decisiones de hoy, las de mañana se cuidarán ellas mismas.

—Norman G. Shidle

La neutralidad, como principio eterno, es una evidencia de debilidad.

—Louis Kossuth

El que apenas conoce los principios no es igual al que los ama y los practica.

—Confucio

El que ha comenzado bien, está a la mitad de la obra.

—Horacio

PRISION

Mientras tengamos prisiones no debemos preocuparnos quien las ocupa.

—George B. Shaw

¿Qué podría engendrar el estéril y mal cultivado ingenio mío sin la historia de un hijo seco, avellanado, antojadizo y lleno de pensamientos varios y nunca imaginados de otro alguno, bien como quien se engendró en una cárcel, donde toda incomodidad tiene su asiento y donde todo triste ruido hace su habitación.

—Cervantes

Las prisiones se construyen con los ladrillos de la ley, cubiertas con la pintura de la religión.

—*Blake*

PESIMISTA

Un pesimista es una persona que piensa que los demás son tan desagradables como él, y los odia por eso.

—*George Bernard Shaw*

¡Cuán felices son los pesimistas! ¡Cuánto gozo no sentirán al poder probar que no hay gozo alguno!

—*Marie Ebner-Eschenbach*

Si un vaso está por la mitad, el pesimista dice que se encuentra medio vacío, y el optimista que está medio lleno.

—*Proverbio americano*

PEQUEÑECES

Cuando considero a veces que las grandes consecuencias provienen de cosas insignificantes, me da la sensación de pensar que no hay cosas pequeñas.

—*Bruce Barton*

La cortesía es la benevolencia de las cosas pequeñas.

—*Thomas B. Macaulay*

De cierto os digo que en cuanto lo hicisteis a uno de estos mis hermanos pequeñitos, a mí lo hiciste.

—*Biblia* - Mateo 25:40

PLACER

El más grande placer en la vida es hacer algo que otros dicen que no se puede hacer.

—*Walter Bagehot*

La regla de mi vida es hacer de los negocios un placer, y el placer que sea mi negocio.

—*Aarón Burr*

No hay placer sin un esmalte de amargura.

—*Hafiz*

Hombre necesitado será el que ama el deleite.

—*Biblia* - Proverbios *21:17*

PLAGIO

Goethe dijo que habría muy poco en él si descartáramos lo que le debía a los demás.

—*Charlotte Cushman*

Plagio: hurto literario.

—*Definición*

¡Se robaron mi trueno!

—*John Dennis*

POBREZA

La pobreza no es pecado.

—*Herbert*

Soy tan pobre como Job, buen Dios, pero no tan paciente.

—Shakespeare

El hombre más grande de la historia del mundo era pobre.

—Emerson

A Jehová empresta el que da al pobre.

—Biblia - Proverbios *19:17*

La pobreza no es un vicio, pero es un inconveniente.

—John Florio

> Pues es mayor miseria la pobreza
> para quien se vio en próspera riqueza.

—Ercilla

PODER

El poder, como terrible pestilencia, corrompe todo lo que toca.

—Shelly

Dadme una palanca y moveré el mundo.

—Arquímedes

Mano de hierro en guante de seda.

—Carlos V

La paciencia y la cortesía forman el poder.

—Leigh Hunt

Cuando me encuentro con una criatura, encuentro la voluntad del poder.

—Nietzsche

El poder siempre le roba de los muchos a los pocos.

—*Wendell Phillips*

El poder sin límite corrompe al poseedor.

—*William Pitt*

Aquel que tiene gran poder debe usarlo livianamente.

—*Séneca*

Ambición de poder es la más degradante de todas las pasiones.

—*Tácito*

Cualquier poder, si no se basa en la unión, es débil.

—*La Fontaine*

Sólo hay dos poderes en el mundo: la pluma y la espada.

—*Napoleón*

El mundo es de los valientes.

—*Emerson*

No hay nada más altanero en el mundo que ver a un hombre
mediocre cuando se levanta al poder.

—*Wessenburg*

No todos podemos todo.

—*Virgilio*

En mis reinos no se pone nunca el sol.

—*Carlos I*

Porque puedes hacer mal,
necio, te acata la gente.

—*Juan P. Forner*

Pues no me avergüenzo del evangelio, que es potencia de Dios para salud de todo aquel que cree.

—*Biblia* - Romanos *1:16*

El poder intoxicará los mejores corazones, como el vino a las más fuertes cabezas.

—*Colton*

PREJUICIO

Muy pocos investigan para descubrir la verdad; la mayoría de nosotros trata de confirmar los propios errores y perpetuar el prejuicio.

—*Hawksville Herald*

El contagio de los prejuicios hace creer muchas veces en la dificultad de las cosas que no tienen nada de difíciles.

—*Pío Baroja*

Cuando el juicio es débil, el prejuicio es fuerte.

—*Kane O'Hara*

El hombre que se jacta de que no tiene prejuicio alguno, su pretensión es gran prejuicio.

—*Anatole France*

Hay muchos que escuchan sólo la mitad de una sola parte.

—*Aquilas*

Una zorra no debe pertenecer al jurado que condena a un ganso.

—*Thomas Fuller*

Aquel que nunca sale de su país está lleno de prejuicios.

—*Goldoni*

Prejuicio es el hijo de la ignorancia.

—*Hazlitt*

Las opiniones basadas en prejuicios terminan por lo general en estragos de violencia.

—*Jeffrey*

Un prejuicio es una opinión vaga sin modos visibles de soporte.

—*Ambrose Bierce*

Nunca es tarde para abandonar los prejuicios.

—*Thoreau*

PRESIDENCIA

Es mejor ser un buen policía que un mal presidente.

—*Adolf Hitler*

Prefiero tener la razón que ser presidente.

—*Henry Clay*

Escoja al presidente, pero después de cuatro años no le diga de qué pata cojea.

—*Adlai Stevenson*

Si me piden que escoja entre la penitenciaría y la Casa Blanca, para vivir en alguna de ellas por cuatro años, yo escogería la penitenciaría. Muchas gracias.

—*William Tecumseh Sherman*

Nadie puede llevar a la presidencia la reputación que lleva consigo.

—*Jefferson*

POESIA

La poesía es la hermana mayor de las artes, y la madre de todas.

—Congreve

La poesía es el vino del diablo.

—San Agustín

Todo lo que no es prosa pasa por poesía.

—Crabbe

La poesía es la verdad que habita en la belleza.

—Gilfillan

—¿Qué es poesía? —dices mientras clavas
en mi pupila tu pupila azul;
¿Qué es poesía? ¿Y tú me lo preguntas?
Poesía... ¡eres tú!

—Bécquer

Con mi poesía no he tenido un propósito, sino una pasión.

—Poe

Yo soy un hombre sincero
de donde crece la palma;
y antes de morirme, quiero
echar mis versos del alma.

—José Martí

Yo considero la poesía como subordinada a la moral y a la ciencia política.

—Shelley

Uno de los méritos de la poesía, que nadie niega, es que dice más en pocas palabras, que la prosa.

—Voltaire

Soñaba en ese entonces en forjar un poema,
de arte nervioso y nuevo, obra audaz y suprema.

—José A. Silva

Un poema no debe significar, sino ser.

—Archibald MacLeish

Mi definición pura de la poesía: algo que el poeta crea fuera
de su propia personalidad.

—George Moore

¡La Poesía! Pugna sagrada;
radioso arcángel de ardiente espada:
tres heroísmos en conjunción:
el heroísmo del pensamiento,
el heroísmo del sentimiento
y el heroísmo de la expresión.

—Salvador Díaz Mirón

Vino, primero, pura,
vestida de inocencia;
y la amé como un niño...
¡Oh pasión de mi vida, poesía
desnuda, mía para siempre!

—Juan Ramón Jiménez

Te volveré glorioso con mi pluma y famoso con mi espada.

—Marqués de Montrose

Ni mármol ni estupendos monumentos
de príncipes, al ritmo no podrán
quitarle la fuerza del portento
ni su encanto sublime acabarán.

—Shakespeare

POETA

El escritor se hace, el poeta nace.

—Anónimo

> Yo que tanto trabajo y me desvelo
> por parecer que tengo de poeta
> la gracia que no quiso darme el cielo.

—Cervantes

Ningún poeta de renombre ha dejado de ser al mismo tiempo un profundo filósofo.

—Coleridge

Todos los hombres son poetas de corazón.

—Emerson

Los poetas modernos revuelven mucho el agua con la tierra.

—Goethe

El hombre, o está loco o hace versos.

—Horacio

Lo mejor de los grandes poetas de todos los países, no consiste en lo nacional que haya en ellos, sino en lo universal.

—Longfellow

Todo hombre es poeta si está enamorado.

—Platón

Los poetas tienen permiso para mentir.

—Anónimo

El poeta es un turpial que se sienta en la oscuridad, y canta para alegrarse en su propia soledad, con sonidos dulces.

—Shelley

POLITICA

Todo es permisible en la política.

—Anónimo

El hombre es un animal político.

—*Aristóteles*

Todos los partidos políticos mueren al final, al devorar sus propias mentiras.

—*Dr. Arbuthnot*

El que representa bien su partido es el que sirve a su país.

—*Rutherford B. Hayes*

Si quieres conseguir la simpatía de la multitud, debes entonces decirles las cosas más estúpidas y crasas.

—*Adolf Hitler*

No se puede adoptar la política como profesión y ser honesto.

—*Louis M. Howe*

La política no es ciencia exacta.

—*Bismarck*

Un político piensa en la próxima elección; un hombre de estado piensa en la próxima generación.

—*James F. Clarke*

POPULARIDAD

Los aplausos populares se devuelven con el viento.

—*John Bright*

La popularidad de un artista se evapora muy pronto; hoy lo aplauden y mañana se olvidan.

—*Edwin Forrest*

La popularidad es la gloria en calderilla.

—*Victor Hugo*

POSESION

Cuando no tenemos lo que queremos, debemos querer lo que tenemos.

—Bussy-Rabutin

Aquel hombre no posee el estado, más bien el estado es dueño de él.

—Diógenes

La propiedad tiene sus obligaciones tanto como sus derechos.

—Drummond

Dicen que la posesión representa once puntos de la ley.

—Swift

Porque a cualquiera que tuviere, le será dado, y tendrá más; y al que no tuviere, aun lo que tiene le será quitado.

—Biblia - Mateo *25:29*

Aquel que dice "lo que es mío es tuyo", es un santo; y el que asegura que lo que "es tuyo es mío", es un perverso.

—Talmud babilónico

POSTERIDAD

La gente no buscará la posteridad sin contemplar primero sus antepasados.

—Edmund Burke

Piensa primero en tus antepasados y después en la posteridad.

—John Q. Adams

PROBLEMAS

El problema más grande del mundo se hubiera podido solucionar cuando todavía era pequeño.

—Witter Bynner

No anticipemos los problemas ni nos preocupemos por los que todavía no han sucedido.

—Franklin

Fórmulas sencillas para resolver problemas complejos, no las conozco.

—Conde de Romanones

No hay problema sin solución.

—R. Escandón

PROFECIA

Yo considero al mejor adivino como el mejor profeta.

—Cicerón

Ningún profeta es aceptado en su tierra.

—Biblia - Lucas *4:24*

PROGRESO

Lo que llamamos progreso es el intercambio de una molestia a otra.

—Havelock Ellis

Progreso; el tranco de Dios.

—Víctor Hugo

Los locos abren los caminos que más tarde recorren los sabios.

—*C. Dossi*

PROMESA

Un acre de acción vale más que el mundo entero lleno de promesas.

—*James Howell*

El que más se demora en hacer una promesa es más fiel en cumplirla.

—*Rousseau*

No trates de hacer lo imposible, pero cumple siempre tu promesa.

—*George Washington*

Que quien en prometer es muy ligero
proverbio es que despacio se arrepiente.

—*Ercilla*

Prometemos de acuerdo con nuestras esperanzas, y cumplimos de acuerdo con nuestros temores.

—*La Rochefoucauld*

Y ésta es la promesa, la cual él nos prometió, la vida eterna.

—*Biblia* - Juan 2:25

PROPIEDAD

Lo mío es mejor que lo nuestro.

—*Franklin*

El instinto de la propiedad es fundamental en la naturaleza humana.

—*William James*

La razón por la cual el hombre entra a la sociedad es con el propósito de preservar sus bienes.

—*Locke*

La propiedad es robo.

—*Proudhon*

La propiedad existe por la gracia de la ley. No es un hecho, pero una ficción legal.

—*Stirner*

La propiedad tiene sus obligaciones como también sus derechos.

—*T. Drummond*

¿No me es lícito a mí hacer lo que quiero con lo mío?

—*Biblia* - Mateo *20:15*

El vaso en que bebo no es grande, pero es mío.

—*Alfred de Musset*

PROSPERIDAD

Se necesita una constitución fuerte para resistir los repetidos ataques de la prosperidad.

—*J. L. Basford*

De ciento que pueden soportar la adversidad, apenas hay uno que pueda sobrellevar la prosperidad.

—*Carlyle*

Alegrarse han el desierto y la soledad: el yermo se gozará, y florecerá como la rosa.

—Biblia - Isaías *35:1*

La prosperidad consigue algunos amigos y muchos enemigos.

—Vauvenargues

PROVIDENCIA

No tengáis temor, confía en la Providencia.

—Thomas H. Bayly

¿No se venden dos pajarillos por un cuarto? Con todo, ni uno de ellos cae a tierra sin la voluntad de vuestro Padre.

—Biblia - Mateo *9:29*

PRUDENCIA

Poned vuestra confianza en Dios, muchachos, y mantened vuestro poder bien seco.

—Oliver Cromwell

El retirar no es huir, ni el esperar es cordura, cuando el peligro sobrepuja a la esperanza.

—Cervantes

El que nunca gana, pierde poco; el que poco asciende, muy pocas veces se cae.

—Whittier

Los primeros días del hombre son provisión para los últimos.

—Samuel Johnson

Los que viven en casas de vidrio no deben tirar piedras.

—Proverbio inglés

Te recomiendo que cuides los minutos, porque las horas se cuidan solas.

—Chesterfield

PUBLICO

¡El público! El público no es otra cosa que un niño grande.

—Thomas Chalmers

¡El público! ¿Cuántos tontos se necesitan para formar un público?

—Anónimo

El público no tiene ni vergüenza ni gratitud.

—Hazlitt

Es la clase media donde pondremos nuestra esperanza para hallar la seguridad de nuestra patria.

—Thackeray

El público será maldito.

—W. H. Vanderbilt

El pueblo será una bestia aparejada sobre la que monta el más osado o el más fuerte.

—Aparisi y Guijarro

PUNTUALIDAD

Yo siempre he estado un cuarto de hora antes, y esto ha hecho un hombre de mí.

—Nelson

La puntualidad es la cortesía de los reyes.

—*Luis XVIII de Francia*

Falta de cumplimiento en una cita es un acto de clara desho-
nestidad. El tiempo es tan precioso como el dinero.

—*Horace Mann*

PUREZA

Bienaventurados los limpios de corazón; porque ellos verán a
Dios.

—*Biblia* - Mateo 5:8

Mi espada desafía al hombre,
mi cuchillo es fuerte y seguro.
Mi fuerza es como la de diez
porque mi corazón es puro.

—*Tennyson*

Todas las cosas son limpias a los limpios.

—*Biblia* - Tito 1:15

RAZA

La raza a la cual pertenecemos es la más arrogante y rapaz; la
más exclusiva e indomable de la historia. Las otras razas
han sido sus enemigas y sus víctimas.

—*Ingalls*

Y de una sangre ha hecho todo el linaje de los hombres, para
que habitasen sobre toda la faz de la tierra.

—*Biblia* - Hechos 17:26

Que nuestra mayor esperanza de salvación se encuentra en el hecho de que no somos una raza pura, sino un mestizaje, un puente de razas futuras, un agregado de razas en formación: agregado que puede crear una estirpe más poderosa que los que proceden de un solo tronco.

—*José Vasconcelos*

RAZON

La razón es la ama y reina de todas las cosas.

—*Cicerón*

¿Cuándo amor, de la razón
se ha dejado gobernar?

—*Lope de Vega*

La razón, en general, puede hacer más que la fuerza ciega.

—*Galo*

Si voy al cielo quiero llevar mi corazón conmigo.

—*Ingersoll*

Venid luego, y entendámonos.

—*Biblia* - Isaías *1:18*

La razón humana es como un borracho a caballo; si se pone a un lado se va al otro.

—*Martín Lutero*

Cada día tiene un propósito.

—*Shakespeare*

Algunos están destinados a razonar erróneamente; otros a no razonar; y los otros, a perseguir a aquellos que razonan.

—*Voltaire*

El corazón tiene razones de las cuales la razón no tiene conocimiento.

—Pascal

El que no razona es fanático; el que no puede razonar es un
tonto; y el que se atreve a razonar es un esclavo.

—Sir William Drummond

Es casi un dios aquel que siempre obra con la razón, y jamás
con la ira.

—Claudiano

La razón del más fuerte es siempre la mejor.

—La Fontaine

REALIDAD

Asusta llegar al desastre con los ojos bien abiertos.

—Roy Ernest

Mientras leemos, nos hacemos la ilusión de llegar a ser mártires; pero en la realidad no podemos soportar ninguna palabra provocativa.

—Hanna More

Cada soldado lleva en su mochila el bastón de Mariscal de
Campo.

—Napoleón

Aquellos que se quejan de la manera como rebota la bola, son,
por lo general, los que la tiran.

—Bruce Lefler

Ningún hombre puede llegar a ser sabio con el estómago vacío.

—George Eliot

Recordad esto, vosotros los indispensables: quinientas personas pueden tomar tu puesto o el mío en cualquier momento.

—*Rudyard Kipling*

La realidad nos abre los ojos.

—*Anónimo*

REBELION

La rebelión a los tiranos es obediencia a Dios.

—*Sello de Jefferson*

La única justificación de la rebelión es el éxito.

—*Thomas B. Read*

La rebeldía contra la justicia no viene de la corrupción del sentido jurídico; al contrario, arranca de su exaltación.

—*Angel Ganivet*

Una pequeña rebelión, de vez en cuando..., es medicina necesaria para el establecimiento de un buen gobierno.

—*Jefferson*

Porque como pecado de adivinación es la rebelión.

—*Biblia* - Samuel *15:23*

> ... Qué vana es la vida, qué inútil mi impulso,
> y el verdor edénico, y el azul Abril...
> Oh sórdido guía·del viaje nocturno;
> ¡Yo quiero morir!

—*Porfirio Barba Jacob*

Toda rebelión tiene su origen.

—*R. Escandón*

¡Victoria o muerte! ¡Libertad o sepultura!

—Grito de la Revolución
Francesa

La revolución es el hipérbaton de la sociedad.

—Gabriel Alomar

La revolución, para ser tal, debe arrancar del mismo pueblo.

—Balmes

La rebelión a los tiranos es obediencia a Dios.

—Anónimo

REFORMA

La reforma debe comenzar en el hogar, y permanecer allí.

—Anónimo

La reforma debe venir de adentro y no de afuera. No se puede legislar sólo por virtud.

—James Cardinal Gibbons

Todo movimiento de reforma tiene una franja lunática.

—Theodore Roosevelt

REGLA DE ORO

Lo que no quieras que otros te hagan a ti, no se lo hagas a otros.

—Confucio, 500 a.C.

Así que, todas las cosas que quisiérais que los hombres hiciesen con vosotros, así también haced vosotros con ellos.

—Biblia - Mateo *7:12*

Aquello que odias, no lo hagas a otros.

—*Tobita, 180 a.C.*

Cualquiera cosa que no te gustaría que te hicieran, no se la hagas a otro.

—*Hillel Ha-Babli, 30 a.C.*

Esta es la suma de toda justicia: Haz tu negocio como quisieras que lo hicieran contigo. No le hagas nada a tu vecino que no quisieras que te lo hicieran a ti.

—*La Mahabharata, 150 a.C.*

No hagas con otros lo que no quisieras que hicieran contigo; porque el gusto puede ser el mismo.

—*G. B. Shaw*

Todos hemos aprendido la regla de oro de memoria, ahora nos falta practicarla.

—*Edwin Markham*

RELIGION

Una religión es tan verdadera como la otra.

—*Burton*

La filosofía quiere hermosear la vida, y la religión la llena.

—*Aparisi y Guijarro*

El hombre lucha por la religión; pelea por ella; muere por ella; cualquier cosa menos vivir por ella.

—*Colton*

La religión es amor, y, porque es amor, es poesía.

—*Bécquer*

Una vida pura es la mejor religión.

—*Thomas Fuller*

La mejor religión es la más tolerante.

—*Madame de Girardin*

Vivir sin iglesia es peligroso.

—*Samuel Johnson*

Si los hombres son tan corrompidos teniendo religión ¿cómo serían si no la tuvieran?

—*Franklin*

La religión es el opio del pueblo.

—*Karl Marx*

La religión no es otra cosa sino amar a Dios y al prójimo.

—*William Penn*

El que no tiene cruz no merece tener corona.

—*Quarles*

La religión debe ser tolerada; porque cada hombre irá al **cielo** de su propia manera.

—*Federico el Grande*

Tenemos suficiente religión para odiarnos, pero no lo suficiente para amarnos.

—*Swift*

La religión pura y sin mácula delante de Dios y Padre es ésta: Visitar los huérfanos y las viudas en sus tribulaciones, y guardarse sin mancha de este mundo.

—*Biblia* - Santiago *1:27*

REPUBLICA

Las repúblicas se acaban a través del lujo; las monarquías a través de la pobreza.

—*Montesquieu*

La república es ingrata.

—*Anónimo*

RESIGNACION

Bienvenida muerte, dijo la rata, y luego le cayó la trampa.

—*Thomas Fuller*

El hombre sabio no se preocupa por lo que no puede tener.

—*Herbert*

Jehová dio, y Jehová quitó: sea el nombre de Jehová alabado.

—*Biblia* - Job *1:21*

Lo que Dios me ha dado, de acuerdo con su voluntad, es mío.

—*Owen Meredith*

Empero que no se haga mi voluntad sino la tuya.

—*Biblia* - Lucas *22:42*

Siento que algo solemne se aproxima, y me hallo
todo trémulo; mi alma de pavor llena está.
Que se cumpla el destino, que Dios dicte su fallo.
Mientras, yo de rodillas, oro, espero y me callo,
para oír la palabra que el ABISMO dirá.

—*Amado Nervo*

RESOLUCION

Me sentaré, pero llegará el tiempo cuando me oiréis.

—Disraeli

Nunca digas tu resolución antes de tiempo.

—John Selden

Iré al rey, aunque no sea conforme a la ley; y si perezco, que
perezca.

—Biblia - Esther 4:16

RESPONDER

La blanda respuesta quita la ira.

—Biblia - Proverbios 15:1

Llamé al cielo, y no me oyó;
y pues sus puertas me cierra,
de mis pasos en la tierra
responda el cielo, y no yo.

—José Zorrilla

REVANCHA

El que toma venganza es igual a su enemigo, mas el que la pasa
por alto es superior a su adversario.

—Bacon

La venganza es un plato que se debe comer frío.

—Proverbio inglés

La revancha es una palabra inhumana.

—Séneca

La revancha es más dulce que la vida misma. Dice el fatuo.

—*Juvenal*

La venganza es dulce.

—*William Painter*

REY

Aquello de que el rey no se equivoca es un principio fundamental y necesario en la constitución inglesa.

—*Blackstoen*

Los reyes serán tiranos por naturaleza, cuando los súbditos sean rebeldes por principio.

—*Burke*

Los que dejan al rey errar a sabiendas, merecen pena como traidores.

—*Alfonso X, el Sabio*

RIQUEZAS

El precio del rico lo compra con las lágrimas de los pobres.

—*Thomas Fuller*

Soy rico, más allá de los sueños de la avaricia.

—*Edward Moore*

No os hagáis tesoros en la tierra, donde la polilla y el orín corrompe, y donde ladrones minan y hurtan.

—*Biblia* - Mateo *6:19*

La verdadera riqueza de un hombre está en la bondad que hace en el mundo.

—*Mahoma*

Llevo conmigo mi riqueza.

—*Cicerón*

Las riquezas para el sabio son una servidumbre; para los necios un medio demonio.

—*Séneca*

ROMA

Todos los caminos llevan a Roma; pero nuestros antagonistas piensan que debemos escoger diferentes caminos.

—*La Fontaine*

¡La grandeza de aquella Roma!

—*Poe*

Obrar y sufrir intensamente es digno de un romano.

—*Tito Livio*

Si estás en Roma vive como los romanos; si estás en otra parte, vive como los de ese lugar.

—*San Ambrosio*

Roma no fue fundada en un día.

—*Anónimo*

RUMOR

"Eso dicen" es media mentira.

—*Thomas Fuller*

Lo que uno inventa los otros lo aumentan.

—Swift

No se debe prestar oído a los rumores del pueblo.

—Diocleciano

Y no solamente ociosas, sino también parleras y curiosas, hablando lo que no conviene.

—Biblia - 1 Timoteo *5:13*

No les puedo asegurar la verdad, pero como me lo contaron se los cuento.

—Scott

SABIDURIA

El conocimiento llega, pero la sabiduría se demora.

—Tennyson

No con la edad, sino con el ingenio se adquiere la sabiduría.

—Plauto

Porque los hijos de este siglo son en su generación más sagaces que los hijos de luz.

—Biblia - Lucas 16:8

SALUD

El que tiene salud tiene esperanza, y el que tiene esperanza es dueño de todo.

—Proverbio árabe

La primera riqueza es la salud.

—Emerson

El destino de una nación a menudo depende de la digestión del primer ministro.

—*Voltaire*

En la salud hay libertad. La salud es la primera de las libertades.

—*H. F. Amiel*

SANGRE

La sangre es más gruesa que el agua.

—*Commodore Tattnal*

La sangre de los mártires es la semilla de la iglesia.

—*Tertuliano*

No tengo otra cosa que ofrecerles sino sangre, sudor y lágrimas.

—*Winston Churchill*

El que derramare sangre del hombre, por el hombre su sangre será derramada.

—*Biblia* - Génesis 9:6

La sangre de Danton te ahoga.

—*Garnier de L'Aube*

SECRETO

Si quieres que alguien te guarde un secreto, guárdalo tu primero.

—*Séneca*

Necio es y muy necio el que, descubriendo un secreto, le pide encarecidamente que le calle.

—Cervantes

Hay un esqueleto en cada casa.

—Anónimo

Porque no hay cosa oculta, que no haya de ser manifestada.

—Biblia - Lucas *8:17*

Es sabio conservar tu secreto; pero esperar que otros no lo divulguen es tontería.

—Oliver W. Holmes

SERVICIO

También sirven los que se paran y esperan.

—Milton

Siervos de Dios, bien hecho.

—Milton

Sirven a Dios bien los que sirven a sus criaturas.

—Caroline Norton

Mi corazón está siempre a tu servicio.

—Shakespeare

Aprovecha más el que sirve mejor.

—Arthur F. Sheldon

La honra del amo descubre la del criado; según esto, mira a quién sirves y verás cuán honrado serás.

—Cervantes

Bien, buen siervo fiel; sobre poco has sido fiel, sobre mucho te pondré: entra en el gozo de tu señor.

—*Biblia* - Mateo *25:21*

SILENCIO

El silencio otorga consentimiento.

—*Bonifacio VIII, papa*

¡Bienaventurados los que no hablan; porque ellos se entienden!

—*Mariano José de Larra*

El silencio es más elocuente que las palabras.

—*Carlyle*

El habla es plata; el silencio es oro.

—*Proverbio alemán*

Las aguas quietas corren profundas.

—*Proverbio inglés*

Los cántaros que más suenan son aquellos que están vacíos.

—*John Jewell*

Quédate callado y la gente pensará que eres filósofo.

—*Proverbio latino*

Sé silencioso y estarás seguro; el silencio nunca te traicionará.

—*John Boyle O'Reilly*

El resto es silencio.

—*Shakespeare*

El que guarda su boca guarda su alma.

—*Biblia* - Proverbios *13:3*

Hay tiempo para hablar y tiempo para callar.

—*William Caxton*

Aquel que a menudo practica el silencio, hace que su conversación sea agradable.

—*Syney Smith*

Conoció el preciso momento sicológico cuando se quedó callado.

—*Wilde*

Ninguno predica mejor sermón que la hormiga que nada dice.

—*Franklin*

SIMPLICIDAD

Nada hay más simple que la grandeza; en verdad, ser simple significa ser grande.

—*Emerson*

La sencillez de carácter es el resultado natural del pensamiento profundo.

—*Hazlitt*

Mientras menos queremos las cosas del mundo, más nos asemejamos a los dioses.

—*Sócrates*

SINCERIDAD

De todos los males que pululan en el mundo entero en este momento, la falta de sinceridad es lo más peligroso que existe.

—*Froude*

No hay satisfacción más grande que ser conscientes de la sinceridad y del amor propio.

—*Mencius*

Un poco de sinceridad es algo peligroso, y en extremo es absolutamente fatal.

—*Wilde*

SOCIEDAD

El hombre es un animal sociable.

—*Séneca*

Para pertenecer a la mejor sociedad de nuestros días, uno tiene que alimentar a la gente, sorprenderla o estrangularla.

—*Wilde*

SOLDADO

Alabados seais, oh héroes inmortales,
alabados seais, a pesar de vuestros generales.

—*Landor*

Los soldados se pierden en sus sueños; cuando empieza la guerra se acuerdan de sus hogares, sus camas limpias, y sus esposas.

—*Siegfried Sassoon*

Dormid dulcemente en vuestras humildes tumbas.
Dormid, oh mártires, de una causa oscura.

—*H. Timrod*

Cada ciudadano debería ser un soldado. Este fue el caso de los griegos, los romanos, y de todo estado libre.

—*Jefferson*

Decidle, que no se alabe el que se ciñe, como el que ya se desciñe.

—*Biblia - 1* Reyes *20:11*

El soldado es un anacronismo que debemos acabar.

—*G. B. Shaw*

En el más intenso sentido nosotros no podemos dedicar, no podemos consagrar, no podemos santificar este lugar. Los bizarros hombres, vivos y muertos, que lucharon aquí, han consagrado este lugar más allá de nuestro escuálido poder.

—*Abraham Lincoln - Discurso*
de Gettysburg

SOLEDAD

En la soledad, cuando estamos menos acompañados.

—*Byron*

Entramos al mundo solos, y salimos solos.

—*Froude*

Solo, solo, todo, todo solo,
solo en el ancho, el ancho mar.

—*Coleridge*

El hombre más fuerte es aquel que se mantiene mayormente solo.

—*Ibsen*

El aire, sutil mariposa,
tus alas azules levanta;
la tierra dichosa
contempla los cielos y canta.

—*Joyce Kilmer*

La soledad es tan necesaria para la imaginación, como lo es la lozanía para el carácter.

—*Lowell*

El alma pensativa se aleja a la soledad.

—*Omar Khayyam*

Nunca he encontrado una compañía mejor que la soledad.

—*Thoreau*

SONIDO

Los cántaros vacíos hacen mayor sonido.

—*Shakespeare*

¡Alabadas sean las tumbas de lúgubres sonidos!

—*Isaac Watts*

SONRISA

Uno puede sonreír, y sonreír, y ser un villano.

—*Shakespeare*

Las sonrisas son los canales de las futuras lágrimas.

—*Byron*

Una sonrisa vale un millón de dólares y no cuesta un centavo.

—*Wilbur D. Nesbit*

Empaca tus problemas en la bolsa y sonríe, sonríe, sonríe.

—*Ella W. Wilcox*

SOSPECHA

Entre menos sabemos más sospechamos.

—*H. W. Shaw*

Una mujer de honor no debería sospechar otras cosas que ella no haría.

—*Marguerite de Valcis*

La sospecha persigue siempre a la mente culpable.

—*Shakespeare*

El ladrón juzga por su condición.

—*Dicho*

La sospecha es más propensa al mal que al bien; a menudo es más injusta que justa. No es amiga de la virtud, y siempre es enemiga de la felicidad.

—*Hosea Ballou*

SUICIDA

Más de cien veces he deseado renunciar a la vida, como lo hace un oficial con su trabajo.

—*Robert Burns*

Es cobardía cometer suicidio.

—*Napoleón*

No hay otro refugio de la confesión que el suicidio; y el suicidio es confesión.

—*Daniel Webster*

Broté como una planta maldecida
al borde del sepulcro de un malvado.

—*José Zorrilla*

SUEÑO

Nuestra efímera vida está rodeada de un sueño.

—*Shakespeare*

Y podrás conocerte recordando
del pasado soñar los turbios lienzos,
en este día triste en que caminas
con los ojos abiertos.
De toda la memoria, sólo vale
el don preclaro de evocar los sueños.

—*Antonio Machado*

¿La vida es un sueño? ¡Qué sueño
tan raro en su obstinación!
¡Siempre el mismo! ¡Siempre Ixión
volteando en su hórrido leño,
siempre en su bárbaro empeño,
el demonio que llevamos!
¡Ah! con razón despertamos
con lívida faz que aterra
yertos mordiendo la tierra
que en frío sudor empapamos.

—*Rafael Pombo*

Vuestros viejos soñarán sueños, y vuestros mancebos verán visiones.

—*Biblia* - Joel 2:28

Siempre que busqué el dulce encanto
de hallarte en mis sueños e intenté dormir,
susurrando tu nombre, huyóse el sueño,
y toda la noche suspiré por ti.

—*Anónimo japonés*

El sueño más común es soñar despierto.

—*R. Escandón*

El dormir es como un puente
que va del hoy al mañana.
Por debajo, como un sueño,
pasa el agua.

—*Juan Ramón Jiménez*

¿Me soñaste o te soñé
o nos soñábamos juntos?
Cruzados sueños de sueños
son mi destino y el tuyo.

—*Eduardo González Lanuza*

SUERTE

La buena suerte es la estimación que tiene un perezoso acerca del éxito de un hombre trabajador.

—*Anónimo*

Pueda que hayas tenido suerte al conseguir tu buen trabajo; pero la suerte no te ayudará a conservarlo.

—*J. O. Armour*

Lanza a un hombre venturoso al mar, y aparecerá con un pescado en la boca.

—*Proverbio árabe*

Aquellos que usan a menudo la palabra "imposible" tienen muy poca suerte en la vida.

—*Carlyle*

Una libra de ánimo vale más que una tonelada de suerte.

—*James A. Garfield*

Detrás de la mala suerte viene la buena.

—*Proverbio gitano*

No me quejo de la poca suerte que he tenido, porque hay muchos que no tienen suerte alguna.

—*A. E. Housman*

La verdadera suerte no consiste en tener las mejores cartas de la baraja, sino en saber cuándo levantarse e irse a casa.

—*John Hay*

¡Mal haya el amor, mal haya,
y quien me lo dio a entender;
que habiendo nacido libre,
yo mismo me cautivé!

—*Anónimo*

SUFRIMIENTO

Se requiere más valor para sufrir que para morir.

—*Napoleón*

Nos curamos de un sufrimiento cuando lo resistimos a cabalidad.

—*Marcel Proust*

Porque tengo por cierto que lo que en este tiempo se padece, no es de comparar con la gloria venidera.

—*Biblia* - Romanos *8:18*

SUPERIORIDAD

Hay tres marcas de un hombre superior: siendo virtuoso, estará libre de ansiedad; siendo sabio, estará libre de perplejidad; siendo valiente, estará libre de temor.

—*Confucio*

La superioridad es siempre detestada.

—*Baltasar Gracián*

SUPERSTICION

Es la superstición un inconsciente temor de Dios.

—*Cicerón*

Yo muero adorando a Dios, amando a mis amigos, no odiando a mis enemigos, y detestando la superstición.

—*Voltaire*

La superstición es la religión de las mentes débiles.

—*Burke*

SUSPIRO

Hasta los suspiros míos
son más dichosos que yo;
ellos se van y yo me quedo;
ellos se van y yo no.

—*Anónimo*

Los suspiros son aire y van al aire,
las lágrimas son agua y van al mar.
Dime, mujer: cuando el amor se olvida,
  ¿sabes tú a dónde va?

—*Bécquer*

Suspiro por las regiones
donde vuelan los alciones
  sobre el mar,
y el soplo helado del viento
parece en su movimiento
  sollozar.

—*Julián del Casal*

TABACO

Tabaco, divino, raro, superexcelente tabaco, que vas más allá de todas las panaceas; oro potable y piedra filosofal, remedio soberano para todos los males.

—*Burton*

Fumaba yo, tendido en mi butaca,
cuando al sopor del plácido mareo,
mil sueños de oro realizarse veo,
de humo denso entre la niebla opaca.

—*Pedro A. de Alarcón*

Una mujer sólo es mujer, pero un buen cigarro es una fumada.

—*Kipling*

Por el tabaco haría cualquier cosa, menos morir.

—*Charles Lamb*

Lo que este país necesita es un buen cigarro de cinco centavos.

—*T. R. Marshall*

Un tonto en una punta y chorro de humo en la otra.

—*Anónimo*

TACTO

Se necesita más tacto en el cuidadoso arte de los regalos que en cualquier otra acción social.

—*William Bolitho*

Las mujeres y las zorras, siendo débiles, se distinguen por la superioridad de su tacto.

—*Bierce*

Sin tacto no se puede aprender nada.

—Disraeli

Para tener la reputación de poseer el más perfecto tacto en el mundo social, debes hablarle a cada mujer como si estuvieras enamorado de ella, y a cada hombre como si estuviera aburrido de ti.

—Wilde

TALENTO

Usa los talentos que tienes; los bosques quedarían solitarios si lo pájaros no cantaran en ellos.

—Henry Van Dyke

¿Queréis conocer el fenomenal drama de mi vida? He depositado mi genio en la existencia, y he puesto sólo los talentos en mis obras.

—Wilde

Si un hombre tiene un talento y no lo usa, ha fracasado. Si tiene talentos y usa sólo la mitad, ha fracasado parcialmente. Si tiene un talento y le saca provecho, gloriosamente ha triunfado, y tendrá una satisfacción que muy pocos conocen.

—Thomas Wolfe

El talento oculto no trae reputación.

—Erasmo

El mundo siempre está listo para recibir los talentos con los brazos abiertos.

—Holmes

Señor, cinco talentos me entregaste; he aquí otros cinco talentos que he ganado sobre ellos.

—Biblia - Mateo 25:20

El genio es el oro en la mina; el talento es el minero que trabaja para sacarlo.

—Lady Blessington

TEMPERANCIA

Una de las razones por las cuales no bebo es porque quiero saber cuándo me estoy divirtiendo.

—Lady Astor

La regeneración de un pueblo estriba en hacer hombres sanos, fuertes y buenos. La maldad es tan sólo producto de la degeneración orgánica que envilece al ser humano.

—M. Tolosa Latour

Beber agua no ha enfermado a ningún hombre, ni lo ha hecho endeudar, ni ha vuelto viuda a su esposa.

—John Neale

El primer trago se sirve por la salud, el segundo por placer, el tercero por vergüenza, y el cuarto por locura.

—Anacharsis

TENTACION

Una cosa es ser tentado y otra es caer en la tentación.

—Shakespeare

El pan honesto es muy bueno; es la mantequilla la que inspira la tentación.

—Douglas Jerrold

Nunca resistas la tentación; prueba todas las cosas: retén lo que es bueno.

—G. B. Shaw

Yo puedo resistir todo, menos la tentación.

—*Wilde*

Vete de mí, Satanás, porque escrito está: a tu Señor Dios adorarás, y a Él sólo servirás.

—*Biblia* - Lucas *4:8*

TIEMPO

Las naciones cambian con el tiempo; florecen y decaen. A su turno mandan y obedecen.

—*Ovidio*

El tiempo es dinero.

—*Bulwer-Lytton*

El tiempo fue hecho para los esclavos.

—*John B. Buckstone*

Nunca pienso en el futuro. Siempre viene demasiado pronto.

—*Albert Einstein*

Aprende a conocer el verdadero valor del tiempo: arrebata, coge y aprovecha cada momento. Nada de ociosidad; fuera pereza; nada de aplazamientos; nunca dejes para mañana lo que puedes hacer hoy.

—*Lord Chesterfield*

Para todas las cosas hay sazón, y todo lo que se quiere debajo del cielo, tiene su tiempo.

—*Biblia* - Eclesiastés *3:1*

Vela eres: luz de la vela es la tuya, que va consumiendo lo mismo con que se alimenta; y cuando más aprisa ardas, más aprisa te acabarás.

—*Quevedo*

Todo lo que nos pertenece en realidad a nosotros es el tiempo; aun aquellos que no poseen otra cosa tienen tiempo.

—Gracián

Vive como si esperaras llegar a los cien años, pero estuvieras listo a morir mañana.

—Ann Lee

Los expedientes son para la hora; los principios para las edades.

—H. W. Beecher

El dinero y el tiempo son las cargas más pesadas de la vida, y los más infelices de los mortales son aquellos que les sobran las dos cosas, y no tienen tiempo para disfrutarlas.

—Samuel Johnson

¡Qué tiempos! ¡Qué morales!

—Cicerón

Mejor es tarde que nunca.

—Livy

El tiempo es un buen legalizador, aun en el campo de la moral.

—H. L. Menchken

El tiempo es el más sabio consejero.

—Pericles

Una era construye las ciudades; una hora las destruye.

—Séneca

Usa tu tiempo, no dejes que se vayan las ventajas.

—Shakespeare

He aquí ahora el tiempo aceptable; he aquí ahora el día de salud.

—Biblia - 2 Corintios *6:2*

TIRANIA

El látigo traza en el aire la rúbrica del tirano.

—Ramón Gómez de la Serna

Pocas veces son libres los tiranos: los cuidados e instrumentos de la tiranía prestamente los aprisionan.

—George Santayana

El mejor tiempo para librarnos de la corrupción de la tiranía es antes de caer en ella.

—Jefferson

TRISTEZA

Se oscurece el sol al mediodía y enmudece la música del alba cuando hay tristeza en el corazón.

—Young

Si pudiéramos profundizarnos en la vida íntima de nuestros enemigos, encontraríamos tanta tristeza y sufrimiento que desarmaría cualquier hostilidad nuestra.

—Longfellow

La princesa está triste. ¿Qué tendrá la princesa?

—Rubén Darío

TRABAJO

El secreto de nuestro cansancio es que no sabemos cuándo debemos terminar.

—Voltaire

Lo que pensamos hacer cuando estemos desocupados, hagámoslo ahora con diligencia.

—Samuel Johnson

Bienaventurado aquel que encuentra el trabajo que le gusta; que no se preocupe por otra bendición.

—Thomas Carlyle

Trabajo pesado es por lo general la acumulación de tareas livianas que no se hicieron a tiempo.

—Henry Cooke

El trabajo, por más humilde y sencillo que sea, si se hace bien hecho, tiende a embellecer y a iluminar el mundo.

—Gabriel d'Annunzio

No hay atajo sin trabajo.

—Refrán

El trabajo nos hace sentir fuertes, y en esto consiste nuestro mayor placer.

—Müller

Es mejor gastarse que enmohecerse.

—Cumberland

Quien siembra la tierra con cuidado y diligencia, adquiere más mérito a los ojos de Dios que el que repite diez mil oraciones.

—Zoroastro

Los trabajadores son los que salvan la sociedad, los que redimen la raza.

—Eugene V. Debs

El trabajo no ensucia. No digas nunca de un obrero que sale de su trabajo. "Va sucio". Debes decir: "Tiene en su ropa las señales, las huellas del trabajo". Recuérdalo.

—Edmundo de Amicis

Yo no hice nada por accidente, ni tampoco fueron así mis invenciones; ellas vinieron por el trabajo.

—*Edison*

Todo se hace en un día de trabajo.

—*Proverbio inglés*

La verdadera grandeza es la del hombre que se educa en medio del trabajo y de la virtud.

—*Laboulaye*

Un obrero en sus piernas es más alto que un caballero en sus rodillas.

—*Franklin*

Porque el obrero es digno de su salario.

—*Biblia* - Lucas *10:7*

Muchas manos hacen que el trabajo sea liviano.

—*William Patten*

Los hombres que han llegado a hacerse célebres y que han influído poderosamente en los destinos de su país, han sido todos grandes trabajadores.

—*Samuel Smiles*

El hombre nace en un mundo que trabaja.

—*Lowell*

No te rindas a los trabajos: al contrario, procura vencerlos.

—*Virgilio*

Maneja las herramientas sin guantes de seda.

—*Franklin*

No hay cosa que sea imposible al hombre trabajador.

—*Alonso de Barros*

Todas las cosas andan en trabajo.

> —*Biblia* - Eclesiastés *1:8*

Nada es imposible para la industria.

> —*Periandro de Corinto*

A cada uno de acuerdo con sus habilidades; a cada uno de acuerdo con sus necesidades.

> —*Karl Marx*

VALOR

El valiente a veces se desespera, mas el valentón siempre es cobarde.

> —*Anónimo*

La discreción es la mejor parte del valor.

> —*Beaumont*

El que es de valor en su propia casa también lo será en el estado.

> —*Sófocles*

Las dificultades prueban el valor del hombre.

> —*Epicteto*

Yo soy un hombre pío, pero eso no quiere decir que no sea todo un hombre.

> —*Moliére*

El reino de los cielos se hace fuerza, y los valientes lo arrebatan.

> —*Biblia* - Mateo *11:12*

VANIDAD

Y el nombre de la aldea es Vanidad; y allí hay una feria que se llama la Feria de la Vanidad.

—Bunyan

Vanidad de vanidades, todo vanidad.

—Biblia - Eclesiastés *1:2*

Alabada sea la pompa de ayer;
en Nínive y en Tiro puedes ver.

—Kipling

VARIEDAD

La variedad es la especie de la vida, que le da sabor a todo.

—Cowper

Se necesita de toda clase para formar un mundo.

—Proverbio inglés

En la variedad está el gusto.

—Dicho

VENUS

Venus no sonríe en una casa de lágrimas.

—Shakespeare

Venus, una evidente prostituta, tan común como la silla del barbero.

—Burton

Venus, ante tu eterno movimiento, todos los hombres te obedecen.

—Eurípides

VEJEZ

Las canas no hacen más viejo al hombre, cuyo corazón no tiene
edad.

—Alfred De Musset

Los viejos siempre están en sazón para aprender.

—Aeschylus

La juventud es un disparate; la madurez, una lucha; la vejez,
un remordimiento.

—Disraeli

Los que en realidad aman la vida son aquellos que están envejeciendo.

—Sófocles

El mundo envejece, y envejeciendo se entristece.

—Tasso

Cualquier tiempo pasado fue mejor.

—Jorge Manrique

La vejez no es soportable sin un ideal o un vicio.

—A. Dumas, hijo

Vuestros viejos soñarán sueños, y vuestros mancebos verán visiones.

—Biblia - Joel 2:28

Sea inviolable y segura la vejez de los claros varones.

—Tito Livio

El pasado parece mejor que el presente porque no está con nosotros.

—*Peter Finley Dunne*

Saber cómo envejecer es la obra maestra de la sabiduría, y uno de los capítulos más difíciles en el sublime arte de vivir.

—*Amiel*

A los 20 años predomina la voluntad; a los 30 la agudeza; a los 40 el juicio.

—*Franklin*

Los primeros cuarenta años de nuestra vida nos sirven de examen; los otros treinta suplen el comentario.

—*Schopenhauer*

Un viejo es dos veces niño.

—*Shakespeare*

Los viejos lo creen todo; los adultos, todo lo sospechan; mientras que los jóvenes lo saben todo.

—*Oscar Wilde*

Durante la juventud los días son cortos y los años son largos; en la vejez los años son cortos y los días son largos .

—*Panin*

Los días de nuestra edad son setenta años; que si en los más robustos son ochenta años, con todo, su fortaleza es molestia y trabajo; porque es cortado presto, y volamos.

—*Biblia* - Salmos *90:10*

VERDAD

La verdad es fuerte. Se parece a una pelota de futbol: podemos patearla todo el día, y por la noche permanecerá redonda y resistente.

—*Oliver W. Holmes*

Yo soy un gran defensor de la verdad; no la menciono todo
el momento que debiera, sino cuando me atrevo; y me atrevo menos entre más viejo me vuelvo.

—Montaigne

El problema del hombre es complejo: no puede entender las
verdades complicadas, ni olvidarse de las simples.

—Rebecca West

Y conoceréis la verdad, y la verdad os libertará.

—Biblia - Juan *8:32*

El espíritu de la verdad, lo mismo que el de la libertad son los
dos pilares fundamentales en la vida humana.

—Henrik Ibsen

Aquellos que privan a los demás de la verdad, se colocan en
lugar de Dios.

—Leonard H. Robbins

No hay otro placer comparable a aquel de mantenernos siempre
de parte de la verdad.

—Francis Bacon

Dios nos pone a escoger entre la verdad y el descanso. Podemos tomar una de ellas, pero no ambas.

—Emerson

La verdad sufre a veces más por el calor de sus defensores, que
por los argumentos de los opositores.

—William Penn

La verdad es poderosa y prevalecerá.

—Thomas Brooks

Si no es verdad, es bien inventada.

—Giordano Bruno

El tiempo es precioso, pero la verdad es más preciosa que el tiempo.

—*Disraeli*

La verdad es inmortal; el error es mortal.

—*Mary Baker Eddy*

La verdad, sólo la verdad, y nada más que la verdad.

—*Juramento legal*

Todas las verdades comienzan con blasfemia.

—*G. B. Shaw*

La verdad es lo más valioso que tenemos. Economicémosla.

—*Mark Twain*

La verdad es siempre extraña. Es más extraña que la ficción.

—*Byron*

VERGÜENZA

Entre más cosas vergonzosas tenga un hombre, más respetable es.

—*G. B. Shaw*

El hombre es rico en proporción a las cosas que puede desechar.

—*Henry D. Thoreau*

Aquellos que combinan la política con la moralidad no conocen el significado de ambas.

—*V. Morley*

VICIO

Cuando los vicios nos abandonan entonces nos jactamos que fuimos nosotros los que los dejamos.

—La Rochefoucauld

La virtud se puede tornar en vicio si la usamos mal, y el vicio a veces se dignifica por medio de la acción.

—Shakespeare

Lo que es vicio hoy puede ser virtud mañana.

—Fielding

Con lo que mantenemos un vicio pudiéramos criar dos niños.

—Franklin

La naturaleza humana no es en sí viciosa.

—Thomas Paine

VICTORIA

La victoria se alcanza al realizarse las cosas. La satisfacción del alma estriba en lo alcanzado.

—Shakespeare

¡Cuán bella es la victoria, pero tan peligrosa!

—Boufflers

Los despojos pertenecen a los triunfantes.

—Andrew Jackson

Hay algunas derrotas más triunfantes que victorias.

—Montaigne

Nos encontramos con el enemigo, el cual es nuestro.

—Oliver H. Perry

Aníbal sabía cómo conseguir una victoria, pero no sabía aprovecharla.

—*Plutarco*

No hay nada más temeroso que una gran victoria, excepto una gran derrota.

—*Wellington*

Con otra victoria como ésta estoy perdido.

—*Pirro*

¡Loor al vencedor!

—*Plautus*

VIDA

Para alcanzar una fecunda vida es menester vivirla despacio.

—*Cicerón*

La vida está llena de sollozos, resuellos y sonrisas, predominando los resuellos.

—*O. Henry*

La vida tiene su valor sólo cuando hacemos que valga la pena vivirla

—*Hegel*

No hay cura ni para la vida ni para la muerte, sólo para gozar el intervalo

—*George Santayana*

La vida es corta, y por desgracia gastamos mucho tiempo pensando cómo se puede disfrutar.

—*Samuel Johnson*

Porque contigo está el manantial de vida; en tu luz veremos la luz

—*Biblia* - Salmos *36:9*

> ¿Qué es la vida? un frenesí;
> ¿qué es la vida? una ilusión,
> una sombra, una ficción,
> y el mayor bien es pequeño;
> que toda la vida es sueño,
> y los sueños, sueños son.

—*Calderón de la Barca*

La vida del hombre es un cuento de hadas escrito por el dedo de Dios.

—*Hans Christian Andersen*

No importa cuánto vivamos, sino cómo lo hagamos.

—*Bailey*

La vida es una larga lección de humanidad.

—*Barrie*

Es una miseria nacer, una pena vivir, y un problema morir.

—*San Bernardo de Clairvaux*

> Lo que nuestra vida es
> y lo que es la muerte, mira
> en esa sombra que gira
> siempre pegada al ciprés.

—*Leopoldo Lugones*

Nuestra entera vida es como una comedia.

—*Ben Johnson*

Una vida inactiva es una muerte prematura.

—*Goethe*

La vida del cristiano consiste en fe y caridad.

—*Lutero*

Porque estrecha es la puerta y angosto el camino que lleva a la vida, y pocos son los que la hallan.

—*Biblia* - Mateo *7:14*

La vida no es sino un sueño vacío.

—*Longfellow*

VIRTUD

Recomiéndales a tus hijos la virtud; eso los puede hacer más felices que el oro.

—*Beethoven*

El honor es la recompensa de la virtud.

—*Cicerón*

Estoy convencido que la virtud se ve bien en ropa humilde como también en la pomposa y fina.

—*Dickens*

La única recompensa de la virtud es la virtud.

—*Emerson*

Nuestras virtudes son más frecuentes, pero nuestros vicios se distinguen mejor.

—*La Rochefoucauld*

Yo prefiero un vicio favorable que una virtud obstinada.

—*Moliere*

La virtud es salud, el vicio es enfermedad.

—*Petrarca*

La virtud no consiste en abstenerse del vicio, sino en no desearlo.

—*G. B. Shaw*

La virtud es nuestra propia recompensa.

—*Cicerón*

La virtud sola trae felicidad.

—*Pope*

VOZ

La voz del pueblo es la voz de Dios.

—*Hesiodo*

Voz de uno que clama en el desierto.

—*Biblia* - Mateo *3:3*

Su voz era suave, clara y penetrante, una cosa excelente en una mujer.

—*Shakespeare*

Su voz, que al evocarla, parece que se oyera todavía.

—*Homero*

¿Qué quieres que te diga,
si recostada estás sobre mi corazón?
Palpita mi palabra:
¡A ti llega su voz!

Te pido que no me mires;
te pido que no me hables;
que, si te escucho y te miro,
vas a volver a engañarme.

—*Anónimo*

El alma oculta de la armonía.

—*Milton*

Indice